Giuseppe Tucci

Geheimnis des Mandala

Der asiatische Weg zur Meditation

ETB
ECON Taschenbuch Verlag

CIP-Titelaufnahme der Deutschen Bibliothek

Tucci, Giuseppe:
Geheimnis des Mandala: d. asiat. Weg zur Meditation /
Giuseppe Tucci. [Übers. von Nikolaus von Sementowsky-
Kurilo]. – Düsseldorf: ECON-Taschenbuch-Verl., 1989
(ETB; 23010: Lebenshorizonte)
Einheitssacht.: Teoria e pratica del Mandala < dt. >
ISBN 3-612-23010-7
NE: GT

Lizenzausgabe mit Genehmigung des Scherz Verlags, Bern und München

© ECON Taschenbuch Verlag GmbH, Düsseldorf
Februar 1989
© 1972 by Otto Wilhelm Barth Verlag im Scherz Verlag, Bern und München
Übersetzt von Nikolaus von Sementowsky-Kurilo.
Gesamtdeutsche Rechte beim Scherz Verlag, Bern und München
Titelillustration: Karl-Heinz Koch (Airbrush-Technik)
Druck und Bindearbeiten: Ebner Ulm
Printed in Germany
ISBN 3-612-23010-7

VORWORT

Der eine oder andere mag der Meinung sein, daß dieses Buch einen zu kleinen Umfang hat; aber ich sehe nicht recht, was ich mehr über die indo-tibetanischen Mandala und ihre Bedeutung aussagen könnte. Ich habe mir vorgenommen, die Theorie und Praxis dieser Psychokosmogramme in großen Zügen wiederzugeben, enthüllen sie doch dem Neophyten das geheimnisvolle Spiel der Kräfte, die sowohl im Universum als auch in uns selbst agieren. Damit wollte ich den Weg der Reintegration des Bewußtseins aufzeigen. Es ist nicht meine Art, mich allzu sehr bei Einzelheiten aufzuhalten, was im übrigen zu Komplikationen geführt hätte. Vielmehr ging es mir darum, eine klare Zusammenfassung der Intuitionen und Ideen zu bieten, in denen die Mandala-Gnosis ihre Wurzeln hat. In ihr finden sich wichtige Analogien zu entsprechenden Formulierungen, wie sie Geistesströmungen anderer Länder und in anderer Zeit prägten. Es handelt sich mitunter geradezu um eine Vorwegnahme moderner und organischerer Theorien. Doch wie könnte es anders sein, da es sich um die der menschlichen Seele angeborenen Archetypen handelt, die immer wieder zum Vorschein kommen – unter verschiedenen Himmeln und in verschiedenen Epochen in verwandtem Gewand, vorausgesetzt, daß der Mensch versucht, zur Einheit zurückzufinden, die die Überwertung des einen oder anderen Wesenszuges seiner Persönlichkeit bereits vernichtet hat oder zu vernichten droht. Ich bin keinesfalls in Unkenntnis der immer neuen und immer ausgedehnteren Eroberungen der Psychoanalyse, vor allem wie sie von Jung entwickelt wurde. Ich bin überzeugt, daß gerade seine Methode bestimmt ist, dauerhafte Spuren in der Geistesgeschichte zu hinterlassen.

Bei der Behandlung des Mandala-Themas habe ich sowohl die buddhistischen als auch indischen Beispiele im Auge gehabt. Zwischen den beiden Strömungen können Unterschiede in Ausdruck und Zeichnung bestehen, können Akzente auf die psychologischen und theoretischen Gegebenheiten verschieden gesetzt sein; im Ganzen bleibt der geistige Antrieb der gleiche. Bei beiden geht es um den Weg aus der Zeit in die Ewigkeit, bei beiden läßt sich das bange Bemühen feststellen, das ursprüngliche Bewußtsein – das grundsätzlich unteilbar ist – zu stützen, damit es zu seiner Integrität zurückfindet. Die philosophischen Tendenzen mögen verschieden sein, doch kaum gelangen wir zur Gnosis und Heilslehre, füllt sich der Graben durch den Wunsch, die Befreiung zu verwirklichen, jenen Augenblick zu erhaschen, der, einmal erreicht, das Wahre in uns erlöst.

Mich bewegte das Verlangen, vom Mandala in einer Weise zu berichten, die das Gesagte vor der Gefahr bewahrt, im Gegensatz zu den indischen Meistern ausgelegt zu werden.

Ich wollte meine ganze Aufmerksamkeit der Notwendigkeit zuwenden, meine Ausführungen sprachlich nicht so zu verkleiden, daß sie für diejenigen, die die ihnen zugrundeliegenden Ideen prägten, unverständlich würden. Die Theorien, um die es geht, sind in Indien entstanden, sind nach Tibet gedrungen; sie drücken sich in Symbolen, Analogien, Hinweisen aus, die – fast möchte ich sagen – die Farbe jener Welt tragen, in der sie keimten. Es war vielmehr meine Absicht, denjenigen, die sich mit Problemen der Seele befassen, ein neues klares und genaues Zeugnis zur Verfügung zu stellen. Ich habe mich bemüht, mich vor allem bei jenen Behauptungen so klar wie möglich auszudrücken, die wegen der Originalität ihrer Formulierungen mißverstanden werden könnten, dabei aber umso wichtiger sind, als es sich um unentbehrliche, dem menschlichen Geist innewohnende Anliegen und Sehnsüchte handelt. Man möge mir nicht vorwerfen, zu objektiv gewesen zu sein, zu getreu das von den indischen und tibetanischen Meistern Gebotene wiedergegeben zu haben. Ich wollte die Inder in ihrer eignen Redeweise sprechen lassen. Von mir aus habe ich lediglich etwas Ordnung in die Ideen bringen wollen, die mitunter in abwegiger Form zum Ausdruck kommen, und so die Widersprüche zu klären, zu denen dies führt, zumal die Symbolik, in die die Ideen gekleidet sind, oft selbst dem Schüler in ihrem tieferen Sinn unzugänglich bleibt. So entstehen Zweifel und Unsicherheiten, als hätten wir vor uns Bücher in einer Sprache, deren Grundelemente wir nicht kennen. Wer aber sie zu lesen versteht, kommt zum Schluß, daß sie alle grundsätzlich dem gleichen Anliegen dienen, das den Upanishaden-Seher quälte: »Tamaso ma jyotir gamaya – Laß mich aus der Finsternis ans Licht kommen!«

I. KAPITEL

DIE GRUNDLAGEN
DES MANDALA-LEHRGEFÜGES

Die Geschichte der Religion in Indien läßt sich als mühsamer Weg zur Eroberung des Selbstbewußtseins definieren. Und was von der Religion gesagt werden kann, gilt auch für die Philosophie. Anders ist es nicht zu erwarten für ein Land, in dem die Religion und Philosophie zu einer einheitlichen Schau (darsana) verschmelzen, die der Erfahrung dient. In Indien ist der Intellekt nie so stark gewesen, um sich über die seelischen Kräfte zu erheben und hat sich nie so weitgehend von ihnen getrennt, um eine verhängnisvolle Spaltung zwischen sich selbst und der Psyche zu verursachen, die im Westen zu einer Krankheit wurde. Um dieses sein Übel zu bezeichnen, hat der Westen ein Wort erfunden, das die bisherige Geistesgeschichte nicht kannte, nämlich »der Intellektuelle«, als ob es einen Menschen geben könne, dessen Wesen auf den reinen Intellekt reduziert zu werden vermöchte.

Der reine Intellekt, von der Wesenheit des Menschen getrennt, bedeutet dessen Tod. Der Intellekt, der sich überschätzt, indem er an sich selber zu große Anforderungen stellt, der sich in anmaßendes Sich-Selbst-Genug-Sein flüchtet, veredelt den Menschen nicht; vielmehr demütigt und entpersönlicht er ihn. Der Intellekt, ausschließlich auf sich selber gestellt, ist etwas Totes, Mörderisches, ein Prinzip der Desintegration. In Indien spielt der Intellekt eine geradezu untergeordnete Rolle. Die Welt des Unterbewußtseins wurde nie verleugnet und zurückgedrängt. Sie wurde gesteuert und sublimiert im harmonischen Prozeß mit dem Ziel der Selbstbewußtwerdung, der Erkenntnis eines Ichs, des naturgemäß kein einzelnes Ich ist, sondern das Ich des kosmischen Bewußtseins, von dem alles ausgeht und zu dem alles wieder zurückfindet, von keinem konkreten Gedanken umschattet ist und dennoch für alle konkreten Gedanken die Voraussetzung bildet, die die seelische Wirklichkeit eines lebenden Individuums ausmachen. Ohne dieses

Bewußtsein gäbe es keine individuelle Psyche, aber der Entwicklung der Psyche muß Halt geboten werden, wenn es nach der Erfahrung des Lebens gilt, den Besitz dieses übergeordneten Bewußtseins zu erlangen.

Vedanta, eine Betrachtungsweise, die von den Upanishaden herrührt, nannte es Brahma und entdeckte dessen Anwesenheit in uns als âtman, als verborgenes Ich, als reines Licht, als das absolute erste Prinzip, als einzige Realität inmitten des Ozeans von Dingen, die vergehen.

Die Shiva-Schulen sprachen von Shiva oder para-samvit als höchstes Bewußtsein, das alles durchdringt und in das alles Seiende sich ausweitet. Diese Schulen lehren in der Tat, im Gegensatz zum monastischen Vedanta, daß die Welt nicht irreal ist, sondern die Entfaltung Gottes, sein Gewand. Der Irrtum besteht darin, autonome Existenz all dem zuzuerkennen, was als Ich oder als Ding erscheint. Das Ich und die Dinge sind Wellen, die, durch göttliche Notwendigkeit erzeugt und durch unsern Irrtum genährt, entstehen und einander begegnen auf der ursprünglich unbeweglichen Oberfläche jener Bewußtheit.

Der ursprüngliche Buddhismus postulierte die Existenz von zwei Ebenen, zwischen denen keinerlei Verbindung bestand, von zwei völlig voneinander verschiedenen Welten – auf der einen Seite die samsarische Welt, die unsrige, in der das Karma wirkt und sich bewegt und wieder entsteht; auf der anderen Seite die Ebene des Nirwana, auf die sich der Mensch durch einen veredelnden Sprung begibt, wenn das Karma und seine Kraft zum Stehen gebracht und unterdrückt werden.

Auf der samsarischen Ebene sieht sich das psycho-physische Wesen des Menschen zu dauernder Bewegung angetrieben. Das Prinzip des Bewußten, das den Grund der moralischen Verantwortung darstellt, das durch Beflügelung unseres Tuns meine Persönlichkeit formt, fügt sich nach meinem Tod einer neuen Existenz ein und prädestiniert sie auf diese Weise. Dies geschieht infolge der karmischen Erfahrung, die ihm innewohnt und Ursache jenes Wesens und jener Ausstrahlungskraft ist; doch handelt es sich um eine vielfältige Prädestination von einmaliger Bedingtheit, in der die Freiheit des Individuums ganz erhalten bleibt. Doch indem sie sich erfüllt, erschöpft sie sich auch.

So bleibe ich denn, obwohl ich an meiner Vergangenheit trage, der freie Gestalter der eignen Zukunft. Wiederholt erfüllen sich verschiedene Leben, aneinandergereiht wie Glieder einer Kette, bis Wissen und inneres Erleben die Tatsache bestätigen, daß das Universum nur Werden und Dahinziehen sei, und dem samsarischen Lauf der Dinge Einhalt gebieten. In diesem Augenblick erfolgt, wie gesagt, der Sprung ins Nirwana, das Befreiung vom Karma (asamskrta) bedeutet. Mehr dürfte der älteste Buddhismus nicht ausgesagt haben. Diese These konnte in ihrer schematischen Gedrängtheit nicht mit dem Ontologismus übereinstimmen, der immer in der indischen Philosophie dominierte, um am Ende auch den Buddhismus zu bestimmen. Die Ebene des Nirwana wird in der Tat schon sehr früh mit ontologischen Begriffen definiert und als ein Absolutum oder auch als unerschöpfliche Potenzialität des denkbar Unendlichen gedeutet. Und dies ist wiederum die Voraussetzung aller phänomenologischen Erscheinungen, die zwar in ihm ihre Begründung finden, doch plötzlich auf der Meeresfläche der Existenz aufleuchten, um dann wieder zu verschwinden, verbrannt im Feuer der Gnosis. Es war ein Ankunftspunkt, der in verschiedenen Etappen erreicht wurde.

Nunmehr wird behauptet, daß samsara und nirwana, auf diese Weise gegenübergestellt, identisch seien, weil sie gleiche Merkmale aufweisen, weil beiden die Essenz fehlt und es als einzige Realität nur den begrifflich nicht erfaßbaren Ruhezustand gibt. Dieses Etwas wird mit positiven Begriffen definiert als reines Bewußtsein ohne Objekt und ohne Subjekt. Doch die Welt der Erscheinungen oder, wie die Buddhisten sagen, die Welt der Dualität, findet gerade darin ihre Seinsrechtfertigung, so daß trotz der Unwirklichkeit dieser Dualität nicht behauptet werden kann, daß es sie nicht als relative Existenz gibt. Betrachen wir den Sachverhalt an dem oft erwähnten Beispiel eines Mannes, der im Dunkel ein zusammengerolltes Seil entdeckt. Zunächst glaubt er, eine Schlange zu sehen und erschrickt. Seine Angst ist real und von gleicher Intensität, als wäre er einer echten Schlange begegnet. Ist er näher gekommen, stellt er fest, daß keine Schlange da ist, sondern lediglich ein Seil und seine Angst schwindet. Im Augenblick, wo diese Reaktionen als solche ausgelöst werden, bleibt es ohne Bedeutung, daß der erste Eindruck auf einer »unwahren« Tatsache beruhte. Auf gleiche Weise hat die Ebene der relativen Existenz, vom Standpunkt des Absoluten aus betrachtet, keine Konsistenz, kann aber eine Aktion auslösen. Es handelt sich gleichsam um ein Trugbild. Dies ist die Meinung der Vijnanivadin.

»Es gibt«, sagt Asanga, »das relative Bewußtsein, das reale Bilder heraufbeschwört. Doch die Dualität, d. h. die Wahrnehmung und der wahrgenommene Gegenstand existieren in ihm in keinem absoluten Sinn, da es sie tatsächlich nicht gibt. In ihm erscheint die Wirklichkeit als Nicht-Existenz der Dualität, doch diese Dualität als solche ist real.«

Diesem kosmischen Bewußtsein haben die Buddhisten ververschiedene Namen gegeben: Prägeform aller Buddhas (tathagatagarbha), absolute Identität (tathata) Ebene der unendlichen Potenzialität von allem, was ist (dharmadhatu), nicht faßbare Essenz (dharmata). Einige Schulen, so die Vijhanavadin, nannten es alayavijnana, Bewußtseinsgefäß, d. h. sie verstanden es als psychologische Realität, als kollektive Psyche, in die die einzelnen Erfahrungen gelagert werden, um später im Fluß der individuellen Erfahrungen wieder in Erscheinung zu treten. Keine Tat, kein Gedanke gehen verloren. Sie lagern in jener universalen Psyche, die ihrem Wesen nach doch kein unbewegliches Etwas ist, sondern eine Erfahrung fortwährender Bereicherung. Sie bildet den fruchtbaren und unerschöpflichen Boden, aus dem die Pflanze des Individuums sprießt, das, wenn es stirbt, in ihm die stets sich erneuernde Saat der eignen Lebenserfahrung zurückläßt. Diese Intuition formulierte der Buddhismus in vollendeter Form. Sie findet aber Entsprechungen in anderen Systemen. Die Shiva-Schule in Kaschmir, um nur ein Beispiel zu nennen, behauptet ebenfalls, daß die karmische Erfahrung nicht verloren geht, bis die Geschöpfe sich nicht mit dem absoluten Bewußtsein von Shiva identifiziert haben. Auch wenn die Welten am Ende der Zeiten durch das kosmische Feuer zerstört werden, bleibt die karmische Kraft als Summe einzelner Erfahrungen wirksam als Antrieb für die Erschaffung eines neuen Universums. Dieses Universum beginnt damit nicht ex novo, sondern richtet sich nach dem, was die Vernichtung übriggelassen hat, beginnt also dort, wo die (vernichtete) Welt aufgehört hat mit allen Merkmalen und Möglichkeiten, die ihr innewohnten.

Es gibt demnach für den indischen Geist zwei Positionen: auf der einen Seite eine metaphysische Konzeption, die eine ewige und unveränderliche Realität postuliert, der der irreale Fluß der sich im ständigen Werden begriffenen Erscheinungen gegenübersteht. Auf der anderen Seite ein gewissermaßen psychologisches Gefüge der Welt, das alles auf Gedanken und Beziehungen zwischen Gedanken reduziert, die, wenngleich vergänglich, möglich sind, weil es eine universale und kollektive Kraft gibt, die sie weckt und bewahrt. Dieses absolute Bewußtsein, Prägeform von allem Werdenden, dieses bewußtseinstragende Sein, Voraussetzung von jedem Gedanken, wurde stets als Licht aufgefaßt. Wir erfahren es gleichsam aus einem inneren Leuchten, das vor unseren Augen aufschimmert, wenn uns die Konzentration der Verzauberung durch äußere Erscheinungen entreißt, denen die Sinne nachgeben. Wir können dann ins eigene Innere sehen. Es ist ein farbloses, blendendes Licht. In den Upanishaden ist es das atman, das sich als inneres Licht offenbart (antarjyotirmaya). Es ist das Licht, mit dem sich der Seher verschmelzen will: »Aus dem Unwirklichen führe mich zum Wirklichen, aus der Finsternis zum Licht« (Brhadar.-Up. 1, III, 28).

Der Buddhismus definiert das Licht als einen leuchtenden Gedanken (cittam praktiprabhasvaran) im Zustand des Bardo*, d. h. im Zeitraum, der das Sterben umschließt und unmittelbar darauf folgt. Dieses Licht erscheint den Augen des Sterbenden, vom Bewußtsein begleitet, daß sich der Körper vom Toten bereits losgelöst hat. Der leuchtende Gedanke wandert unentschlossen zwischen Befreiung und Wiedergeburt. Wenn die Bewußtheit der Person dieses Licht als das erkennt, was es ist, als kosmisches Bewußtsein, als das absolute Sein, dann wird der samsarische Zyklus unterbrochen. Wenn aber die Bewußtheit des Verstorbenen von diesem Glanz verwirrt wird, sich zurückzieht und sich von einem sanften und bunten Licht anziehen läßt, dann wird er wieder in den Kreislauf von Geburt und Tod stürzen.

»Oh du Sproß eines edlen Geschlechts, du, so und so Genannter, vernimm: Es wird dir jetzt das Licht der reinen Wirklichkeit erscheinen. Du mußt sie erkennen, oh, du Sproß eines edlen Geschlechts. In diesem Augenblick ist dein dem Wesen nach unbefleckter Intellekt ohne Substanz und ohne Qualität, nur die Realität, die das Symbol des kun tu bzan mo darstellt.«

---

* Tibetanische Übersetzung von antarabhava im Sanskrit: eine Existenz zwischen Tod und Leben.

»Da dein Intellekt leer ist, sorge dafür, daß sich diese Leere nicht ausweitet. Dein eigner Intellekt muß unberührt bleiben, schrankenlos, rein und klar. Dieser Intellekt ist Buddha kun tu bzan mo. Die wesenslose Leere deines Intellekts und dein klarer und glänzender Intellekt sind identisch. Es ist der ideale Körper des Buddha.« »Dein Intellekt, die Identität von Leere und Licht, ist in eine große Lichtmasse eingebettet. Er wird weder geboren noch stirbt er. Es ist der Buddha ›od mi agyur‹. Es genügt, daß du dieses weißt.«

»Sobald du erkannt hast, daß dein Intellekt, von Natur aus rein, mit Buddha identisch ist, ruht diese spontane Schau deiner Intelligenz in Buddhas Gedanken.«

So soll drei oder sieben Mal mit klarer und fester Stimme gesagt werden. Auf diese Weise soll sich der Sterbende der Weisungen erinnern, die diese Erkenntnis ermöglichen und die ihm von Meistern zu Lebzeiten erteilt wurden. In zweiter Linie erkennt der Sterbende die Identität seiner von jedem konkreten Gedanken freien Intelligenz mit jenem Licht. Drittens: Indem er sich solchermaßen selber erkennt, weiß er sich mit dem Körper verbunden, der die Ebene der absoluten Potenzialität des essentiellen Bewußtseins darstellt, um sich von ihm nicht mehr zu trennen. Die Erlösung ist ihm dann sicher.

»Oh, Sproß eines edlen Geschlechts, im Augenblick, wo sich dein Körper und dein Geist trennen, wirst du die Bilder jener zarten, schimmernden, leuchtenden Ebene erleben wie eine Fatamorgana, die mit Blitzen in der Weite der Wüste auftaucht. Du sollst bei diesem Anblick nicht erschrecken, keine Angst haben. Es ist das Wetterleuchten der Ebene der absoluten Potenzialität des essentiellen Bewußtseins, die dir innewohnt. Du sollst es als solches erkennen. Aus der Mitte jenes Lichts wird die Stimme des Realen wie ein tausendfaches Donnern erschallen. Das ist die Stimme der absoluten Potenzialität des essentiellen Bewußtseins, die dir innewohnt. Darum darfst du nicht erschrecken, darfst keine Angst haben.«

Jetzt, wo du einen geistigen Körper hast, der aus den Hinneigungen deines Karmas besteht, und keinen stofflichen Körper mehr aus Fleisch und Blut, droht dir von jenem Schall, von jenem Licht, von jenen Blitzen weder Angriff noch Tod.«

Erkenne dies alles als Frucht deiner eigenen Vorstellung, erkenne, daß dies alles zum Zustand der Zwischenexistenz gehört.

Die Welt mit ihren Erfahrungen kehrt sich um. Die Bilder erscheinen jetzt als leuchtende Körper, der Himmel türkisblau. In diesem Augenblick wird aus der Tiefe des Paradieses t'ig le brdal, das sich in der Mitte des Universums befindet, der weiße selige rNam par snan mdsad auf dem Löwenthron sichtbar. Umarmt von Nam mk'a dbyins, der Mutter, hält er in Händen ein Rad mit acht Speichen.

Ein türkisblaues durchsichtiges Licht, Zeichen der Erkenntnis der Ideensphäre, Verklärung des Prinzips der Bewußtheit, ausgehend vom Herz des von der Mutter umarmten rNam par snan mdsad wird so stark sein, daß deine Augen es nicht werden aushalten können. Gleichzeitig mit diesem Licht der Erkenntnis und vor ihm wird ein anderes Licht aufkommen, von der Welt der Götter ausgestrahlt. In diesem Augenblick wirst du kraft deines Karmas Angst haben vor jenem türkisblauen Licht der Erkenntnis der Ideensphäre, strahlend und blendend, und du wirst die Flucht ergreifen und in dir die Sehnsucht verspüren nach dem Licht der Götter, das nicht blendet.

Du sollst vor jedem türkisblauen Licht von unsäglicher Stärke keine Furcht verspüren. Es ist das Licht des höchsten Weges. Es ist die Verblendung durch tathagata, die Erkenntnis der Ideensphäre. Du sollst an dieses Licht glauben und in Ehrfurcht vor ihm stehen. Und bete inbrünstig in Gedanken, daß es die Verblendung des Mitleids des seligen rNam par sana mdsad ist. Das weiße, nicht blendende Licht ist der Weg des Lichtes, das sich durch deine geistige Verwirrung angesammelt hat. Daran sollst du nicht hängen, ihm gegenüber keinen Wunsch hegen. Hast du Neigung zu diesem Licht, wirst du in der Welt der Götter wandeln, durch sechs Sphären der Zwischenexistenz, die zum Hindernis für die Rettung wird. Darum wende den Blick von diesem Licht ab und habe Vertrauen in das andere Licht, das türkisblaue von blendender Stärke.«

Die Inder faßten das Leben nicht als Kampf zwischen gut und böse, zwischen Tugend und Sünde auf, sondern als ein Gegeneinander von diesem lichten Bewußtsein und seinem Gegenteil, der Psyche und dem Unterbewußtsein, die sie Maya nennen: Die ganze Erfahrung besteht in dem Gegensatz zwischen dem Ausbruch der Maya, die mit dem Leben selbst zu wirken beginnt, ja die das Leben schlechthin ist, und dem Bewußt-Sein. Im Lebensprozeß macht sich ein verhängnisvolles Übergewicht von Maya bemerkbar: Objektiv betrachtet ist Maya die Freiheit, die um jenes blendende Licht ein Netz spinnt und es verdunkelt und verhüllt. Doch Maya ist keine Kraft, die wunderbar aus Nichts entstand. Vielmehr hat sie ihren Ursprung in jenem kosmischen Bewußtsein, in der Einheit des urhaften Bewußtseins, das sie enthält.

Zwischen Gott und der Welt, dem Absoluten und dem Leben, dem Bewußtsein und der Psyche besteht eine Verwandtschaft von unmißverständlicher Natur – keine Opposition, sondern fast ein Übereinander von Ebenen. So lehren die buddhistischen Schulen die essentielle Identität (aikarasya) von Befleckung (samklesa) und Läuterung (vyavadana), von karmischer Unreinheit und der Reinheit, die über dem Karma steht. Diese Identität ist bereits in der Gleichheit von samsara und nirwana gegeben, wie ich schon erwähnte.

Nicht anders der Shivaismus. Er nimmt an, daß in der makellosen Lichtheit des essentiellen Bewußtseins ursprünglich das »Ich« und das »Es« zusammenfallen. Im Augenblick, wo an Stelle dieses Zustandes der Intuition (sadvidyâ), infolge des Einbruchs der Maya, ein Zustand des Intellekts (vidyâ) tritt, kommt es in jener ursprünglichen Einheit zu einer Spaltung zwischen Subjekt und Objekt. Daraus ergibt sich eine Selbstbegrenzung (samkoca) Gottes, so daß auch wir in unserer Begrenzung und Eitelkeit zwar derselbe Gott sind, aber in einem Zustand von anutva, einem molekularen Etwas.

Die göttliche Allmacht, in der es keinen Gegensatz von Ich und Nicht-Ich gibt, sondern ein absolutes, ewiges, unbewegliches Ich, wird kraft der Maya getrübt. Die menschliche Seele, die gleichsam einschläft, glaubt purusha zu sein, d. h. begrenztes Bewußtsein. Es sind fünf Attribute, die jene göttliche Essenz auszeichnen: Ewigkeit (nityatva), Alldurchdringlichkeit (vyapakatva), Fülle (purnatva), Allwissen (sarvajnatva), Allmacht (sarvakartrtva). Doch kraft der Maya erscheint diese höchste Essenz, von sich selber entfernt, als Objekt. Es wird nicht mehr erkannt, daß Objekt und Subjekt in ihrer ursprünglichen Einheit identisch sind und die fünf Attribute finden sich nunmehr begrenzt: Die Ewigkeit ist in die Zeit (kala) eingefügt, die Alldurchdringung hat eine Bestimmung (niyati), die Fülle kennt das Verlangen (raga), das Allwissen wird durch den Intellekt (vidya), die Allmacht durch die schöpferische Fähigkeit beschränkt. So entsteht das Ich-Individuum, eingeschlossen ins sechs Panzer (kancuka) und in ihnen verborgen. Damit steht es der höchsten Objektivierung des Bewußtseins, der prakrti, der Natur, dem Nicht-Ich, von der denkenden Materie oder dem Intellekt (buddhi) bis zur rohen Materie gegenüber.

Vedanta sagt das Gleiche. Sobald der Begrenzungsprozeß durch Einbruch der Maya in Gang gekommen ist, entwickelt sich in fünf Etappen die Trübung des Ichs durch die Hülle der Erscheinungen, die das Ich verbirgt und es verschieden und vielfältig erscheinen läßt. Das sind die fünf Panzer, in die das Ich eingeschlossen wird. Jeder Panzer stellt eine andere Möglichkeit des Irrtums dar, so daß der Unerfahrene, der Schlafende den einen oder den anderen für das Ich hält, das sich aber außerhalb und jenseits von ihm befindet. Der erste Panzer ist der Körper. Er besteht aus Nahrung (annamayakosha), die er für seine Erhaltung braucht, doch der Körper ist unbeständig und kann daher nicht atman sein. Der zweite Panzer ist prana (pranamayakosha), die fünffache vitale Kraft, der fünffache vitale Hauch, der das Leben begleitet und beim Tod aufhört. Der dritte Panzer ist der des Geistes (manomayakosha), der die Psyche in aller ihrer Komplexität von Entwicklungen und Ideen umfaßt, die Unterschiedlichkeit zwischen Ich und Nicht-Ich, den Ausbruch der Leidenschaften. Doch nicht einmal diese veränderliche und widersprüchliche Aufeinanderfolge von angenehmen und schmerzlichen Geisteszuständen kann *atman* sein. In der Tat, solange dieser Wirbel dauert, der den Geist verstört, besteht keine Hoffnung, die befreiende Erkenntnis zu erreichen.

Der vierte Panzer ist jener der Erkenntnis, des Begreifens (vijnanmayakosha). Der Vedanta stimmt in seinem Gefüge der Welt der Phänomene mit einem Großteil der Sankhya-Konzeption überein. Buddhi ist der Urgrund der Psyche, doch wie im Sankhya hat sie sich aus der natura naturans entwickelt. Die Natur, die Materie ist als solche unwissend, doch erscheint sie mit Bewußtheit begabt insofern, als auf sie das Licht der Intelligenz des Ichs fällt. Dieser Widerschein der Lichtheit des Ichs auf buddhi wird *jiva* genannt, die individuelle Seele, das einzige Ich, fälschlich infolge der Schranken der Maya als »Sonder«-Ich angesprochen: »mein eigenes Ich«. In dieser Phase kommt es zur Ansteckung. Atman ist in Karma eingehüllt. Es vereinigt sich in irreführender Weise mit den Körpern, wandert von Existenz zu Existenz, leidet und kann nur im tiefen Schlaf, wenn kein Bild es beunruhigt oder trübt, einmal mehr seine spezifische unverderbliche Heiterkeit wiederfinden, indem es sich über Freude und Leid hinweg erfüllt. Die Verzauberung bleibt so lange, bis die Erkenntnis den Begrenzungen der Maya ein Ende bereitet. Dann schwindet das Unwissen wie ein von einem Hexenmeister heraufbeschworenes Trugbild. Plötzlich verflüchtigen sich alle illusorischen Erscheinungen. Der fünfte Panzer besteht aus der Seligkeit (anandamayakosha). Auch das höchste Bewußtsein, atman ist an sich Seligkeit. Doch im Leben erfahren wir nur den Widerschein der transzendentalen Seligkeit des atman. So geschieht es im tiefen Schlaf, den keine Regung und keine Erinnerung daran stört. Es ist eine Seligkeit, die ebenfalls unter gewissen mystischen Bedingungen und bei ästhetischer Schau erreicht werden kann. Doch da sie nicht von Dauer ist, kann sie nicht atman sein. Es ist über dieser Ebene, außerhalb von diesem letzten Panzer. Die Wahrnehmung unserer Seele führt uns demnach zur Wahrnehmung des jiva, des individualisierten Ich.

Kraft der keimhaften Präsenz der Maya in Gott ist unsere Psyche, die ja sein Werk darstellt, doppelwertig: Während sie sich auf der einen Seite immer mehr durch Verleugnung jenes Lichts auflösen kann, um es am Ende völlig zu verdunkeln, vermag sie sich auf der anderen Seite, gleichsam unter dem Antrieb des in ihr noch nicht ganz erloschenen Schimmers von Gott, der Nacht zu entreißen und können wir in uns die essentielle Göttlichkeit wiederfinden und den Weg zurücklegen bis zur Ebene, die außerhalb der Maya liegt.

Dieser Prozeß, dessen Möglichkeiten in geheimnisvoller Weise in uns gegeben sind, vollzieht sich wie der Wechsel von Tag und Nacht: Tagsüber entfaltet sich die Psyche in ihrer ganzen Vielschichtigkeit, Objektivität, Dualität, um sich am Ende ganz zu verstreuen; nachts zieht sich das Objekt zurück, ganz der absoluten und archetypischen Potenzialität zurückgegeben, dem Bewußtsein, das alle Ideen dessen enthält, was sein wird, wie die sechzehntel Fraktion des Mondes (tithi), die ewig und unveränderlich den Wechsel der helleren und dunkleren Fünfzehntagephasen reguliert und beherrscht.

Es ist daher verständlich, daß das indische Begehren der Erkenntnis in dem heroischen Versuch besteht, sich der Macht der Maya zu entziehen und aus dem Netz zu befreien, das sie um uns webt und das wir mit dem Unwissen von dem verfestigen, was wir sind, weil, wie Abhinavagupta sagt, das Unwissen (ajnâna) zweifach ist: angeboren (purusha), Selbstbegrenzung Gottes, Konsequenz seines Verfalls in Zeit und Raum und die intellektuelle Unwissenheit (buddhigata), die wir selber mehren. »Zweifach ist das Unwissen: das erste vom Intellekt herrührend, das zweite durch Geburt mitbekommen. Das erste führt zu falschen und unsicheren Urteilen; das zweite ist nichts anderes als ein diskriminierender Gedanke (vikalpa), insofern als es sich um das göttliche Bewußtsein in seiner Begrenzung handelt. Als solches ist es die Hauptursache des samsâra« (Tantrasara, S. 3).

Maya, die sich als eine objektiv in Gott enthaltene Kraft darstellt, wird subjektiv zum Nicht-Wissen, zu avidya: vergängliche Hingabe an das Leben, Unfähigkeit den Schleier zu heben, hinter dem sich in uns selber die Realität verbirgt. Maya wirkt aus einer natürlichen Bestimmung heraus und geht vom Sinn selbst des essentiellen Bewußtseins aus. Doch avidya ist ein Beitrag zur Individualisierung, wodurch die Finsternis noch tiefer wird und sich das Licht umso entrückter ausnimmt.

So entfalten sich durch Einwirkung von Maya und avidya sowohl die zeitlich-räumliche Welt, in die wir gestürzt sind, als auch unsere Psyche, d. h. die Dualität, die nicht von außen her entsteht, sondern in dem essentiellen Bewußtsein selbst. Und zwar durch Buddha oder Shiva, wie wir es auch immer betrachten mögen, durch den Aufbruch der Kraft der Maya in ihnen selbst. Es handelt sich um eine magische Freiheit, um die Ursache des samsara, des Lebens, des Prozesses der Objektivation und Personifikation. Es ist eine zentrifugale Kraft, dank welcher jenes essentielle Bewußtsein in die Nacht des Unbewußten stürzen muß, immer tiefer bis es zur Negation seiner selbst wird, zur Stofflichkeit. Es ist die provisorische Gegenüberstellung des Unbewußten mit jenem Bewußtsein, eine willkürliche Erschaffung von Bildern. Diese magische Kraft ist sakti, die Macht, die dynamis, die Existenzphantome entstehen läßt. Als solche ist sie weiblich und erscheint in der Symbolik, von der bald die Rede sein wird, in weiblicher Gestalt.

Diese Voraussetzungen erklären, warum Indien – bis auf geringe Ausnahmen – nie mit der Heraufkunft eines Erlösers gerechnet hat. Der Mensch ist Bewußtsein, wenn auch getrübt durch Zeit und Raum, und die Erlösung hängt von ihm selber ab. Es gibt keinen Mittler, der ihn zu retten vermöchte. Man könnte entgegnen, daß die Buddhas oder andere Sichtbarwerdungen der höchsten Wahrheit, die die Vishnu-Schulen avatara nennen, dem Menschen zur Befreiung verhelfen, doch dies geschieht nur indirekt, dadurch nämlich, daß sie die Erlösung lehren. Die Erlösung selbst ist Werk des Menschen, seine Fähigkeit, diese Lehren in sich zu verwirklichen. Es gibt keine Gnade, die geeignet wäre, den Ablauf des Karma abzuändern. Es wird unweigerlich geerntet, was gesät wurde. Damit will ich nicht sagen, daß die Theorie der Gnade in Indien unbekannt ist. Der Buddhismus des Großen Pfades kennt sie. Der Amida-Buddhismus in Japan ist ganz auf die Erwartung der göttlichen Gnade abgestimmt, personifiziert in der Gestalt von Amitabha (auf japanisch Amida).

Nicht viel anders lehren viele Vishnu-Schulen die völlige Hingabe an die allmächtige Barmherzigkeit Gottes. Doch mit Ausnahme dieser Schulen kann der Mensch in Indien nur auf sich selbst vertrauen, wenn er den göttlichen Funken finden will. Er muß die höchste, in ihm selber verborgene Realität ans Licht bringen, indem er sie als solche erkennt. Aus diesem Grunde fordern alle indischen Systeme die Notwendigkeit der Erkenntnis und der Initiation. Es muß in diesem Zusammenhang daran erinnert werden, daß die Stellung Indiens und demnach der Völker, auf die sein Geist einen Einfluß ausübte, nicht nur mystischer, sondern auch initiatorischer Art ist, das heißt bei der Wahrheitsfindung handelt es sich um eine persönliche Eroberung, zu der der Weg über die Mystik führt. Es ist ein langsamer und mühsamer Aufstieg, bei dem nach und nach alle Hemmungen, Hindernisse, Trübungen beseitigt werden müssen, die diese Wahrheit verbergen, so daß am Ende das erstrebte Licht hervorbricht. Bis auf die Meinungen einiger Schulen, die die Gnade oder eine göttliche Eingebung (saktipata) für möglich halten, ist Gott niemals im Menschen anwesend. Er muß nachdrücklich gerufen, ja geradezu herbeigezwungen werden.

Vor allem das »Verlangen nach Erkenntnis« ist ein gängiger Ausspruch, mit dem alle indischen Abhandlungen beginnen. Doch diese Erkenntnis – um es zu wiederholen – ist nicht dialektisch, logisch, berichtend. Die dialektische, logische, berichtende Erkenntnis ist nur das erforderliche Mittel, das als Arbeitswerkzeug dienen soll. Die wahre Erkenntnis, diejenige, die zum Verständnis unserer selbst führt und das verlorene Gleichgewicht wiederherstellt, läßt sich nur aus der Erfahrung gewinnen, weil eine Erkenntnis, der keine Tat entspricht, nicht gut, sondern böse ist, solange die Erkenntnis das Leben nicht verändert und sich in ihm infolge von Disharmonie nicht verwirklicht. Die Erkenntnis macht reif für die je nach den Schulen abhisheka oder diksha genannte Initiation, die dazu dient, wie Abhinavagupa sagt, die angeborene Unwissenheit zu überwinden, d. h. die Beschränkung, die das göttliche Bewußtsein trübt. Die Initiation ergänzt den Weg der Erkenntnis, indem sie mit ihrer Liturgie die Kräfte der Seele in Bewegung setzt. Auf diese Weise kommt es zur Erneuerung des eingeweihten Schülers in der geistigen Welt, da die Sicherheit der Erkenntnis zum Dauergut der intensivsten Erfahrung wird.

In gleicher Weise wie der Shivaismus behauptet, daß wir von der gleichen Essenz sind wie Shiva, behaupten gewisse Schulen vom Adamantinischen Pfad, von der letzten Stufe des Großen Pfades, daß er zur Identität von Buddha und den Geschöpfen führt. In uns ist tathagatagarbha, der Same des Tathagata gegenwärtig, das ist die grundlegende Voraussetzung für die Möglichkeit der Erlösung. Ein Übergang von Ebene zu Ebene ist nicht denkbar, wenn die Ebenen verschieden sind. Zwischen zwei gegensätzlichen Substanzen gibt es keinen Kontakt. Die Pallingenesie kann sich nur beim Vorhandensein jener essentiellen Identität – wenn auch unbewußt – verwirklichen, solange sich das Individuum in der Nacht der Maya befindet. Tathagatagarbha ist das verborgene Kleinod in den Schlacken, von denen eine der maßgebenden Texte des Großen Pfades – das Lankavatara – spricht. Es ist das bodhicitta, der »Gedanke der Erleuchtung«, der nicht nur das Ziel der Erleuchtung, der totalen Reintegration ist, sondern auch Ausgangspunkt unserer inneren Realität, ein logos spermaticos, dem alles unterliegt und den wir leuchtend und glänzend wiederfinden sollen inmitten der Finsternis, in die wir getaucht sind.

Der Buddhismus des Großen und insbesondere des Adamantinischen Pfades sowie verschiedene Shiva-Schulen stellen eine Heilslehre dar, die sich auf die Erlösung richtet, d. h. auf die Reintegration des lichtvollen Bewußtseins in uns selbst, das als bodhicitta dem Logos, Shiva innewohnt. Diese Erlösung vollzieht sich kraft einer Erfahrung, die das ganze geistige Leben enthält und daher eine tiefe Umgestaltung der Psyche bewirkt oder – wenn man will – eine Reintegration, die auf einen analogen Prozeß der Involution folgt.

Es soll nicht vergessen werden, daß alles, worüber bisher gesprochen wurde, sich im Hinblick sowohl auf die physische als auch auf die psychische Welt, auf Raum und Zeit, Kosmos und Ich vollzieht. Die beiden Ebenen überlagern und durchdringen – nach diesen Lehren – sich gegenseitig. Dies in dem Sinne, daß die Begrenzung Gottes durch die zeitlich-räumliche Ausdehnung von der Auflösung und Verdunkelung seines Lichts begleitet wird. In der Welt der Physis ist die Involution das progressive Aufnehmen eines unmittelbar vorangegangenen Zustandes und sein Verschwinden bis zur endgültigen Beseitigung der Maya-Ebene. Beim Ich handelt es sich um einen Prozeß der Reintegration, um eine Rückkehr zur ursprünglichen Einheit – durch Überwindung des Unbewußten, nachdem von ihm mit Hilfe der Symbole Besitz ergriffen wurde. Die Reintegration ist ohne diese Erfahrung inmitten der Maya-Welt nicht denkbar. Es gilt, sie aufzulösen und zu vernichten durch die erkennende Erfahrung. Erkenntnis durch Erfahrung bedeutet Auflösung.

Diese Reintegration erfolgt durch Abrücken (paravrtti) von der Samsara-Ebene. Es handelt sich um das asraya-paravrtti, das von Asanga und Vasubandhu systematisch dargestellt, doch schon vor ihnen durch frühere Schulen erarbeitet wurde. Das Wort bedeutet »Abrücken von der Stütze«. Die Stütze ist der psychisch-physische Komplex des Individuums – nach buddhistischer Auffassung –, das scheinbare Substrat der menschlichen Persönlichkeit. »Die Stütze (asraya) ist der Körper mit seinen Organen. Er stützt, was sich auf ihn stützt, den Gedanken (citta) und die Geisteszustände (caitadika)« (Abhidharmakosa, Übers. La Vallée Poussin, Bd. III, S. 126).

Diese Stütze ist also der Körper, der wandert, so wie ihn, zu einer bestimmten Zeit und an einem bestimmten Ort, die karmischen Elemente früherer Existenzen geschaffen haben. Er ist mit einer denkenden Fähigkeit begabt, die sich seiner bemächtigt, um ihn zu neuen Taten zu inspirieren, die ihrerseits ein künftiges Schicksal bestimmen: Wiedergeburt und Verwandlung.

Das Abrücken von der Stütze wird von einigen Schulen primitiverweise als ein durch Karma bedingter Persönlichkeitswechsel gedeutet, z. B. eine Frau, die als Mann wiedergeboren wird; ein Mann, der als Tier zur Welt kommt (ebenda, IV. S. 24 Nr. I). In Wirklichkeit handelt es sich um eine totale und absolute Veränderung des Individuums, um eine vollständige Überwindung der normalen psychischen Ebene, um Verwirklichung der Reintegration im tiefsten Wesensgrund durch Aufdämmern der Erleuchtung (bodhi).

Asanga und Sthiramati beschreiben diese Haupterfahrung des Buddhismus, die seine Doktrin ausmacht und definiert, wie folgt:

Der Buddha-Zustand, bei dem durch vollständige Versenkung alle moralischen und intellektuellen Hemmnisse verschwinden, die seit undenklichen Zeiten dem Menschen eigentümlich sind, bedeutet eine völlig neue Lage des physisch-psychischen Gefüges (asraya), in der sich die erhabensten Fähigkeiten aller reinen Attribute vereinigen. Diese neue Lage wird nach Zurücklegung des Weges zur höchsten Erkenntnis erreicht, eines Weges mit großem Ziel, der jedes Vorstellungsprozesses bar ist.

»Dort, wie auf einem hohen Berg, beherrscht der Mensch mit seinem Blick die Welt. Er hat Mitleid mit denjenigen, die sich den Freuden der Seele hingeben, und um so mehr mit denjenigen, die sich ihres Daseins erfreuen« (Asanga, Mahayanasutralankara IX, 12, 13).

»Wenn die Erkenntnis keinen Gegenstand mehr wahrnimmt, bleibt sie rein; weil nichts Wahrnehmbares da ist, kann sie nichts wahrnehmen« (Vasubandhu, Trimsika).

»Wenn das Fassungsvermögen nichts wahrnimmt, nichts sieht, nichts begreift, sich auf keinen Gegenstand richtet, der außerhalb des Gedankens vorhanden ist, was immer es auch sein mag, eine Predigt, eine sittliche Unterweisung oder ein Gegenstand alltäglicher Erfahrung wie Form oder Laut, und zwar entsprechend der Sicht der Wahrheit und nicht bedingt durch angeborene Blindheit –, dann gibt es nichts wahrzunehmen, und der Mensch hat die Wirklichkeit des eignen Denkens erreicht.« Der Autor erklärt weiter den Ursprung dieser Lage: »Wenn es etwas wahrzunehmen gibt, gibt es die Wahrnehmung, doch sobald es dieses Wahrnehmbare nicht mehr gibt, impliziert es die Nicht-Existenz des Wahrnehmenden und nicht nur der Wahrnehmung. So kommt es zu einer höheren transzendentalen homogenen Erkenntnis, die sich auf kein Objekt und Subjekt richtet, und demnach verschwinden die Merkmale von all dem, was uns an das Wahrnehmbare und an die Wahrnehmung bindet.

Wie kann der Gedanke definiert werden, der sich in diesem Zustande reinster Erkenntnis befindet?

Unterbindung der Funktion des Denkens, Nicht-Vorhandensein der Wahrnehmung, transzendentale Erkenntnis, Abrücken von der Stütze, verursacht durch Unterdrückung der beiden Arten der zweifachen Störung des Gleichgewichts (daushthulya). Das ist die reine Ebene (anasrava), transzendentales Denken, gesund, solid, selig, Befreiung, Leib des essentiellen Bewußtseins, der Buddha eigen ist (29, 30).

Mit diesen beiden Versen wird die Vollkommenheit der von dem Asketen erreichten Ergebnisse angedeutet, der den Weg der reinen Erkenntnis einschlägt, indem er auf der Stufenleiter immer höher steigt, angefangen vom »Weg der Schau«. Infolge der Tatsache, daß es keinen wahrnehmbaren Gedanken mehr gibt und auch keinen wahrnehmbaren Gegenstand, befindet er sich im Zustande der Unterbrechung der Denkfunktion, des Nicht-Vorhandenseins der Wahrnehmung: transzendentale d. h. über-weltliche Erkenntnis, weil sie ungewohnt in der Welt ist, nicht tätig, da darin jegliche schöpferische Vorstellung fehlt.

Gleich nach dieser Erkenntnis erfolgt das Abrücken von der Stütze. Die Stütze ist in diesem Falle die Psyche, die in sich den Kern jeder Sache birgt. Das Abrücken von ihr geschieht, wenn es zu einem Ruhestand (nivrtti) kommt, weil jede Neigung (vasana) zur Gleichgewichtsstörung, die karmische Reifung, die Dualität fehlen. Vorhanden sind hingegen die Elastizität (karmanyata), der absolute Körper und die Erkenntnis der Nicht-Dualität.

Durch welche Art von Unterdrückung wird dieses Abrücken erreicht? Durch die Unterdrückung der doppelten Störung des Gleichgewichts, d. h. die durch die moralische Trübung erzeugte Störung des Gleichgewichts und die, die sich aus der Verdunkelung des Intellekts ergibt« (Vijnaptimatrata-Trimsika, von Sthiramati, 29, 30).

Dieses Abrücken ist dreifach. Nehmen wir als Beispiel Buddha selbst, weil sich in ihm das Drama abgespielt hat, dessen Zuschauer wir waren. Wir sind jedoch fähig, dessen Akteure zu werden, indem wir in uns alle Gegebenheiten seines geistigen Lebens nacherleben*.

Wenn Bodhisattva auf dem bodhimanda, auf dem diamantenen Stuhl sitzt, der die ideale Mitte der Welt und die Ebene des Absoluten darstellt, und die Erleuchtung erfährt, durch die er zum Buddha wird, vollzieht sich das erste Abrücken. Die Kette der Geisteszustände, die seine scheinbare Persönlichkeit ausmachten, ist nicht mehr vorhanden, jede Beziehung zu der samsarischen Ebene ist unterbrochen, sowohl als Wirkung früheren Karmas als auch als Ursache neuer künftiger Prüfungen. Er ist auf eine andere Ebene gestiegen, jeder Möglichkeit von Störungen und Veränderungen entzogen. Er befindet sich im Zustande kristallener Klarheit. Dies ist das Zeichen des erfolgten Sprungs von der Samsara-Ebene auf die des Nirwana.

Beim zweiten Abrücken bewahrheitet sich der vollkommene Aufstieg der transzendentalen Persönlichkeit zur mystischen Persönlichkeit durch eine Art gegenseitig geheimnisvollen Wechsels. Sie erscheint unter den Geschöpfen, die die geistige Reinheit auf übermenschliche Ebenen emporsteigen läßt, gemeinhin Paradiese genannt, wo sie den unbefleckten Glanz überirdischer Erscheinungen betrachten, von jeder Bindung oder Begrenzung losgelöst, die uns in ihrem Zwange halten.

Beim dritten Abrücken erfolgt die Vereinigung mit dem essentiellen Bewußtsein außerhalb jedes Einbruchs und jeder Übermacht von Maya-Kräften, außerhalb jeder sichtbaren Form.

Die Reintegration wird damit zur vollendeten Tatsache.

---

* Näheres vgl. bei E. Lamotte, La somme du Grand Véhicule (Louvain), S. 253 ff.

II. Kapitel

DAS MANDALA
ALS MITTEL DER REINTEGRATION

Wir können diesen Prozeß theoretisch rekonstruieren. Doch wie vollzieht er sich im Geist des Eingeweihten? Mit anderen Worten: Welcher Mittel bedient sich der Schüler, um das Abrücken (von den Hindernissen) zu erleichtern? Wie kann er das Unbewußte der Maya beherrschen und zur Einheit des Bewußtseins zurückfinden? Und wie kann er das wogenreiche und ruhelose Meer der Maya überqueren, in dem er ertrinkt? Wie die Vielfalt, in die unsere Psyche zerspalten ist, zu bodhicitta oder Shiva, zu der einzigen, leuchtenden, undifferenzierten Quelle zurückführen?

Maya ist eine individualisierende, personifizierende Kraft. Darin besteht ihre Stärke, aber es ist zugleich auch ihr schwacher Punkt. Sie kann Formen und Gestalten annehmen, durch die eine Fühlung zwischen ihr und dem Bewußtsein erfolgt, wodurch sie wiederum in ihrer Macht geschwächt wird. Der kosmische Prozeß kommt in Bildern malerisch zum Ausdruck. Die aufeinander folgenden Phasen, durch die sich der Mensch infolge der männlich-weiblichen Zweiheit in die Vielfalt der Dinge spaltet oder der Vernebelung oder Verdunkelung durch das Unbewußte anheimfällt, werden in Gestalt von männlichen oder weiblichen, heil- oder unheilbringenden Gottheiten dargestellt. Es handelt sich um Gottheiten, die aus der religiösen Erlebniswelt des Volkes stammen. Oft leiten sie sich von uralten Mythen ab und haben sich bei den niederen und unwissenden Volksschichten erhalten. Sie drücken noch die ganze Barbarei primitiver Intuitionen aus. Häufig sind sie auch vorsätzlich geschaffen worden, um durch ein Sinnbild das Zusammenwirken von Kräften darzustellen, die der unendlichen Vielfalt der Welt unterliegen.

Auf diese Weise kann sich der Schüler dieser beweglichen Welt der Kräfte bemächtigen, die außerhalb von ihm und in ihm selbst wirken. Das Symbol dient ihm als magischer und lockender Zugang zu diesem form- und ordnungslosen Wirrwarr der Kräfte. Mittels des Symbols fesselt er sie, beherrscht er sie und löst sie schließlich auf. Mit Hilfe des Symbols verleiht er den unendlichen Möglichkeiten Gestalt, die sein Unterbewußtes birgt, den unausgesprochenen Ängsten, den uralten Leidenschaften.

Doch dies kann nur dann geschehen, wenn sich der Schüler fähig erweist, die Symbolik zu entziffern. Er darf sich nicht unbesehen hineinstürzen. Es besteht die Möglichkeit, sie so zu handhaben, daß sie zum Nutzen gedeiht und nicht den Händen entgleitet wie ein kostbares Instrument, von dem wir nicht wissen, wie wir uns seiner bedienen sollen.

Wir sind uns nur sehr vage eines Lichts bewußt, in das wir unser innerstes Wesen eintauchen lassen. Es ist wie ein einziger leuchtender Punkt auf einem mondlosen Himmel. Doch wie können wir ihn erreichen? Wie können wir zu diesem Licht zurückfinden und in ihm aufgehen?

So ist eine komplizierte symbolische Darstellung dieses Dramas der Desintegration und Reintegration entstanden, d. h. das Mandala, in dem dieser zweifache Prozeß in Sinnbildern zum Ausdruck kommt. Wenn es der Eingeweihte richtig lesen kann, ermöglicht es ihm eine befreiende psychologische Erfahrung.

Es wäre falsch zu glauben, daß die bildhafte Darstellung des Mandala ausschließlich den Buddhisten eigentümlich ist. Sie haben lediglich mit größerer Genauigkeit eine uralte Intuition erarbeitet, die sich mit der Zeit klärte und vor allem im äußerlichen Schema durch den Beitrag fremder Anschauungen bereichert wurde.

Es ist hier nicht der Raum, um uns mit den Ursprüngen des Mandala zu befassen. Wir haben es hier nicht mit seiner Entstehung, sondern mit seiner Idee zu tun, für die das Mandala (wie es sich in den Gnosis-Schulen Indiens und den Ländern, die sich die indische Erfahrung zu eigen gemacht haben, entwickelte) zur Mitte der Betrachtung und zum Symbol geworden ist. Betrachten wir also diese Ideen, wie sie sich uns heute darbieten, und nicht, wie sie am Ausgangspunkt ihrer Entwicklung waren.

Das Mandala zeichnet eine geheiligte Oberfläche und schützt sie vor Einbruch zersetzender Kräfte, die in den dämonischen Zyklen verwirklicht werden. Doch es handelt sich um mehr als nur um eine geheiligte Oberfläche, die zu ritualen und liturgischen Zwecken reingehalten werden muß. Es ist in der Tat ein Kosmogramm, das wesentliche Schema des Universums, wie es in einem Prozeß der Emanation und Resorbtion erscheint – das Universum nicht nur in seiner unbeweglichen räumlichen Ausdehnung, sondern in ständiger zeitlicher Revolution. Beides als vitaler Prozeß, der von einem wesenhaften Prinzip ausgeht und sich um eine Achse der Mitte dreht, den Berg Sumeru, die axis mundi, auf die sich der Himmel stützt und deren Fundamente im geheimnisvollen Urgrund ruhen. Das ist eine panasiatische Anschauung, zu deren Klarheit und Genauigkeit die kosmographischen Ideen beigetragen haben, die aus dem assyro-babylonischen zikurrat stammen. In ihr spiegelt sich auch das ideale Bild des Königssitzes von Cakravartin, dem universalen Monarchen der indischen Überlieferung. Diese Entsprechungen und kosmographischen Theorien assyro-babylonischen Ursprungs paßten sich primitiven Intuitionen an, denen entsprechend der Priester und der Magier auf der Erde eine geheiligte Fläche festsetzten. Dieses Territorium, das durch die Linie, die es umschreibt, verteidigt wird, stellt nicht nur eine Projektion der urhaften Kräfte dar, die die Reinheit des Ortes gefährden, sondern auch einen Schutz desjenigen, der die Zeremonie vollzieht. Außerdem stellt es durch magische Wiedergabe die Welt selbst dar, in der sich der Zelebrant, indem er sich in deren Mitte begibt mit den Kräften identifiziert, die die Welt beherrschen und in sich deren heilwirkende Macht verkörpert.

Im alten Indien war zu diesem Zweck ein Gefäß im Gebrauch, ein rundes Gefäß, das auch dann nicht abgeschafft wurde, als die Mandala-Theorie in allen Einzelheiten ihre endgültige Gestalt annahm. Fünf Gefäße wurden in der Tat auf fünf Mandal-Bereiche verteilt, eines in der Mitte und vier an den Seiten. Sie sind mit verschiedenen Substanzen gefüllt. Das Gefäß bleibt das unentbehrliche Attribut jeder wie auch immer gearteten indischen Kulthandlung, bei der sich avahana vollzieht, die Niederkunft der göttlichen Wesenheit, die in eine Statue oder einen Gegenstand projiziert bzw. ihnen einverleibt werden soll. Dieser Vorgang vollzieht sich, herrührend vom himmlischen Bereich, im Gefäß, wobei der Zelebrant als Mittler dient. Der kleine Raum des Gefäßes oder der begrenzten Fläche wurde solchermaßen auf magische Weise zum

Universum, auf das der Zelebrant identisch mit den höchsten Kräften nach den strengen Regeln des Ritus einwirkte.

Wir finden diese Weltvorstellung als magischer Widerschein des Universums auch in den Exorzismen der Bon po-Liturgie, d. h. in der urtümlichen Religion Tibets. Die Meister des Bon po bauen die mdos auf, symbolische Wiedergaben der Welt. Die mdos haben vier Fundamente, in die ein Stock eingepflanzt wird. Daran wird ein weiteres Querholz angebracht, wodurch eine Art Kreuz entsteht. Beide werden mit Bündeln ineinander verwickelter Fäden verbunden. Ringsum werden die Götterbilder aufgestellt. Der den Exorzismus Ausübende identifiziert sich mit dem Wesen dieser Götter, verlebendigt in der eignen Seele den Kosmos und verwandelt sich ideell in alles, was ist, um nun allmächtig heilbringend zu wirken und nach eignem Ermessen die Kräfte des Universums zu kontrollieren. Das mdos ist die magische, durch Verwandlung hergestellte Welt, in der der Zauberer als unbeschränkter Herrscher erscheint. Das gleiche Konzept der Anpassung an das All liegt dem Bau der königlichen Paläste zugrunde. Auch sie stellten nach dem assyro-babylonischen Schema die Welt dar, die sich um eine Achse dreht, um den Thron des Königs, der dem Zentralberg des Alls oder dem Polarstern gleicht, um den herum sich alles dreht. Doch nicht nur die königlichen Paläste, auch die Wohnstätten waren ursprünglich eine in eine Mitte verwandelte Fläche, in der die axis mundi, die sie durchzog, die Bewohner mit den drei Sphären, der unterirdischen, mittleren und höheren, d. h. der unteren, atmosphärischen und himmlischen Existenz in Verbindung brachte, die durch die von der Weltachse verursachte Überschichtung der Ebenen gegeben war, um auf die Wohnstätten übertragen zu werden. So war es mit den Zelten der Hirten in Kleinasien und denen der ursprünglichen Tibetaner, in welch letzteren der Rauchabzug der Öffnung des Himmels entsprach, da das kosmische System als ein Riesenzelt gedacht wurde.

Gemäß dem gleichen Schema hat der Buddhismus den komplizierten architektonischen Symbolismus eines Monuments ersonnen, das Grab, Totenmal oder Aufbewahrungsstätte für Reliquien sein kann und stupa genannt wird. So wurde ein weiterer Schritt nach vorn getan, indem an die Stelle der göttlichen, doch immer an die Erde gebundenen Person des Königs ein geistiger Wert trat, das dharma, das Gesetz, das höchste

Wort, das in Buddhas Weisung wiederklingt oder sie widerspiegelt und das zum Prinzip des Absoluten wird, die Nirwana-Ebene des reinen Seins, um dann später zur unerschöpflichen Quelle all dessen zu werden, was ist.

Das gleiche Prinzip liegt natürlich auch dem Bau der Tempel zugrunde. Jeder Tempel ist ein Mandala. Sein Eingang ist nicht nur ein Eingang zu einem Heiligtum. Es ist der Zugang zum mysterium magnum. Wer den Ritus des Rundganges im reinsten Bewußtsein nach Vorschrift vollzieht und in festgesetzter Ordnung die verborgenen Winkel des Tempels aufsucht, durchläuft den Mechanismus der Welt, bis er als Verwandelter in das sanctum sanctorum gelangt, weil er sich – indem er die mystische Mitte des heiligen Gebäudes erreicht – mit der ursprünglichen Einheit identifiziert.

Auf diesen komplizierten Voraussetzungen beruht das Mandala, das eine geometrische Projektion der Welt darstellt – der auf ihr wesenhaftes Schema reduzierten Welt. Indem sich durch die Identifikation des Mystikers mit dem Zentrum des Mandala automatisch dessen Verwandlung bewahrheitet, erfüllt das Mandala seine wesentlichste Aufgabe und offenbart damit noch einen tieferen Gehalt. Es blieb das Paradigma der kosmischen Evolution und Involution. Doch wer sich seiner bediente, dem ging es nicht nur darum, so bald wie möglich in die Mitte des Universums zurückzukehren, sondern vor allem darum, die Regungen der Psyche zur Konzentration zu bewegen, um die Einheit des gedrängten, nicht zerstreuten Bewußtseins zu erlangen und das ideale Prinzip aller Dinge zu entdecken. Das Mandala ist damit nicht nur ein Kosmogramm, sondern ein Psychokosmogramm, das Schema der Auflösung des Einen in Vieles und der Reintegration des Vielen in das Eine, in jenes absolute, integrale und lichte Bewußtsein, das der Yoga im Urgrund unseres Wesens von neuem aufleuchten läßt.

Die Erfahrung riet auch für diesen Fall analoge Vorstellungen. Der Mensch stellt in die Mitte von sich selbst den verborgenen Sinn des eigenen Lebens, den göttlichen Kern, die eigne geheimnisvolle Essenz. Er hat eine vage Intuition von einem Licht, das in ihm leuchtet, aus ihm strahlt und sich ausweitet. Seine ganze Persönlichkeit konzentriert sich auf dieses Licht und entwickelt sich um es herum.

Der erste indische Ausdruck dieser durch den Instinkt eingegebenen Vorstellung in Gestalt des Mandala, die in ihrer Mitte – wie das Rad die Nabe – den leuchtenden Punkt des Bewußtseins umschließt, von dem aus die seelischen Fähigkeiten ausstrahlen, findet sich in einem Absatz der Brhadaranyaka-up (II, 5, 15). Dort steht Folgendes:

»Wie alle Speichen des Rades in der Nabe zusammenlaufen, so sind auch alle Geschöpfe, alle Götter, alle Welten, alle Organe, alle Seelen in jener einen Seele vereinigt.« Viel später wiederholte ein tantrischer Text: »Stelle dir alsdann vor, daß alle Strahlen die Gestalt der Göttin annehmen: So wie von der Sonne ewig Strahlen ausgehen, sendet auch der Leib der Großen Göttin Strahlen aus« (Gandharvatantra zitiert von Saktanandatarabginî, S. 137).

In gleicher Weise erscheinen auch die Gottheiten des Bardo immer in Anordnung eines Mandalas.

»Oh, Sproß eines edlen Geschlechts, es wird dir ein vielfarbiges Licht der Läuterung der vier Elemente erscheinen. In diesem Augenblick wird dir aus dem Paradies, genannt t'ig le brdal, das sich in der Mitte des Raums befindet, Buddha rNam par snan mdsad erscheinen, Vater und Mutter zugleich, wie am ersten Tag. Aus dem Paradies, genannt mNon par dga, das sich im Osten befindet, wird dir der Buddha rDo rje sems dpa, Vater und Mutter zugleich, mit seinen Jüngern erscheinen. Aus dem Paradies, genannt dPal Idan, das sich im Süden befindet, wird dir der Buddha Rin c'en abyun Idan, Vater und Mutter zugleich, samt seinen Jüngern erscheinen. Aus dem Paradies padma rtsegs dbe ba can, das sich im Westen befindet, wird dir der Buddha sNan ba mt'a' yas, Vater und Mutter zugleich, mit seinen Schülern erscheinen. Aus dem Paradies, genannt *rab rdsogs,* das sich im Norden befindet, wird dir der Buddha Don yod grub pa, Vater und Mutter zugleich, mit seinen Jüngern erscheinen. Sie werden dir in der Mitte eines Regenbogens erscheinen, Oh, Sproß eines edlen Geschlechts, außerhalb des Kreises der fünf mystischen Familien, werden dir die vier Gottheiten erscheinen, Wärterinnen der Pforten *rNam par rgyal ba* und *gSin rje gsed,* und der König *rTa mgrin* und *mDud rtsi ak'yil ba* und vier weibliche Göttinnen, Bewacherinnen der Pforten, *lCags kyu ma, Zabs pa ma, lCags sgro ma* und *Dril bu ma,* und sechs selige Buddha, der der Götter, *brGya byin,* der der Dämonen, *T'ag bzan ris,* der der Menschen, *Sakya sen ge*, der der Tierwelt, *Sen ge rab brtan*, der der Lemuren, *K'a abar ma*, der der Höllen, *C'os kyi rgyal po*. Und es werden auch *Kun tu bzan po* und *Kun tu bzan mo* und *Kun tu bzan*, Vater und Mutter, Ahnen aller Götter, erscheinen. Auch diese Gottheiten auf der Ebene begreiflicher Formen, herrührend von deinem eigenen Herzen, werden vor dir erscheinen. Du sollst sie als reine Bilder erkennen, die von dir selber ausgehen.«

»Oh, Sproß eines edlen Geschlechts, auch diese Paradiese befinden sich nirgendwo anders als in deinem eignen Herzen. Sie liegen in der Mitte und an den vier Kardinalpunkten deines Herzens. Aus dem Innern deines Herzens werden sie dir erscheinen. Diese Gestalten kommen aus keinem anderen Ort. Sie sind Erfindungen deines Intellekts. So sollst du es erkennen. Oh, Sproß eines edlen Geschlechts, diese Gestalten sind weder groß noch klein, sind von Gleichmaß, und jede ist mit Ornamenten geschmückt. Jede von ihnen nimmt im Sitzen eine besondere Haltung ein, hat ihren Thron und zeichnet sich durch eine besondere Gebärde ihrer Hände aus. Diese Figuren sind durchdrungen von der Essenz der fünf Paare, und jedes der fünf Symbole ist vom Schein von fünf Lichtern umgeben.«

Die natürliche und übliche Darstellung dieser inneren Mandala-Vision ist eine Blume, und zwar die Lotusblume. Ihre vier oder acht symbolisch angeordneten Blätter versinnbildlichen die räumliche Ausdehnung des Einen in die Vielen. Die Lotusblume brachte in Indien einen doppelten Symbolismus zum Ausdruck. Den einen können wir exoterisch, den anderen esoterisch nennen. Der erste bezieht sich auf die Schöpfung im weitesten Sinn, die ihre Entstehung der Saat kosmischer Gewässer verdankt, so wie sie im Mythos des Brahma ihren Ursprung als Quelle aus dem Nabel von Narayana hat, die auf jenen Gewässern ruht. Die Lotusblume ist die Erde, die sich auf diesen Gewässern ausbreitet (Taittirîa-Sambitâ Sv., S. 1, 3c), und die Stütze des Universums (Sayana R.V.VI,S.16,13).

Die zweite Bedeutung der Lotusblume, die für die tausendjährige religiöse Erfahrung Indiens maßgebend war, ist geistiger Art. Sie ist das Symbol der anderen Ebene, die sich in der Mitte des geheimnisvollen Raums (akasa) offenbart – im Innern des Herzens (Chandogya-up VIII, 1, 1).

Die erste Schöpfung erfolgt in Raum und Zeit. Die zweite geht von dieser Begrenzung aus. Dabei wird das Werden überwunden, und es vollzieht sich – durch Kontemplation – jener veredelnde Sprung, durch den sich der Geist des Meditierenden auf eine andere, höhere Ebene erhoben sieht.

Die Lotusblume ist Zeichen dieser Palingenesie, weil der neue Geisteszustand seinen Ursprung im Herzen, in jenem geheimen Raum hat, der ihn einschließt, so wie Gott am Anfang der Schöpfung durch seine Ausstrahlungen den unendlichen Raum ausfüllte und seine weitere Entwicklung bestimmte. In der Lotusblume, im Geheimnis des Herzens, ist das Absolute gegenwärtig, purusha.

»Dieses Ungeschaffene ist unter den Lebensgeistern der Träger der Erkenntnis. Im inneren Raum des Herzens befindet sich der Herr von Allem, der Beherrscher des Universums, der König des Universums« (Brhadâran-up IV, 4, 22).

»Wahrhaftig, so ausgedehnt wie der Raum ist auch das Vakuum im Innern des Herzens. Himmel und Erde sind in ihm. Agni und vàyu, die Sonne und der Mond, so auch die Sterne und die Blitze und jedes andere Ding, das es im Universum gibt, und alles, was nicht ist, alles gibt es in jenem Vakuum« (Chandogya-up VIII, 1, 3).

Im Raum des Herzens, der in magischer Weise in den kosmischen Raum verwandelt wird, vollzieht sich das Wiederfinden unserer inneren Realität, jenes unbefleckten und unerfaßbaren Prinzips, aus dem alles entsteht, was in seiner illusorischen und vergänglichen Erscheinung im Werden begriffen ist. Dieses Wiederfinden erfolgt stufenweise. Wie sich auf dem kosmischen Berg rings um die *axis mundi* auf immer höheren Stufen die Götter befinden, einer über dem anderen und immer reiner, und wie man nach und nach gegen den Gipfel und über den Gipfel hinaus steigt, bis die Spitze all dessen erreicht ist, was wird und Form hat (bhutakoti), so vollzieht sich stetig wie jeder Übergang auf eine höhere Ebene die Verwandlung von der samsarischen Ebene zur Nirwana-Ebene hinauf in nachfolgenden Phasen, Stufe um Stufe. Diese Stufen werden nach bekannter indischer Tradition durch Götterbilder versinnbildlicht. So wird der Prozeß der Zusammenfassung des Vielen in Einem anschaubar, der sich in zweifacher Weise vollzieht. Es kann geschehen, daß der Meditierende in geeigneter Art handelt, um eine Gottheit, die eine bestimmte Stufe versinnbildlicht, zu zwingen, zu ihm hinabzusteigen. Dies ist avahana, die gewaltsame Heraufbeschwörung einer neuen geistigen Lage und – symbolisch betrachtet – die Niederkunft des Gottes in die Mitte des Herzens, durch die der Meditierende verwandelt wird. Diese Herabkunft bedingt einen Wechsel der Ebene. Der Schüler hat sich mit dem versinnbildlichten Gott identifiziert. Diese Fühlungnahme bewirkt einen Riß im Schleier der Maya und vernichtet ihn. Es ist ein Vorgang, den die liturgischen Zeremonien dadurch vorschreiben, daß niemand, der nicht selber Gott geworden ist, Gott verherrlichen kann: nadevo devam arcayet.

Oder es handelt sich um einen umgekehrten Prozeß. Unter den vielen Möglichkeiten des in seinem Herzen mystisch gegenwärtigen Bewußtseins beschwört der Meditierende die Gottheit herauf, mit der er sich identifizieren möchte. Er tut es gemäß der traditionellen Anweisung des Yoga. Das mystische Wesen jeder Gottheit drückt sich in Silbensymbolen aus, die ihr höchstes Prinzip wiedergeben. Beim Meditierenden, der sich jenen lichten flammenden Samen im eignen Herzen vorstellt und sich zugleich auf die geistige Schau jenes Gottes konzentriert, wie er in der traditionellen Ikonographie erscheint, bewirkt jener Same, der sich am Feuer der Erkenntnis entzündet, die Entstehung eines Bildes, das er in die Mitte seines Herzens aufnimmt. So kamen im unbeweglichen kosmischen Bewußtsein nach der ersten Erschütterung des Gleichgewichts die Archetypen der nachfolgenden Schöpfung auf. Doch mehr als meine Worte werden einige Formeln der Meditation und Beschwörung – miteinander verglichen und sich gegenseitig bereichernd – die Phasen dieses Prozesses begreiflich machen. Die erste Beschwörung richtet sich an Candamaharosana, die zweite an Tara.

»Der Schüler muß sich an einen ihm angenehmen Ort setzen, ohne jegliches Unbehagen zu verspüren. Er soll nun denken, daß auf dem Sonnenmandala (also von roter Farbe), das eine Lotusblume mit acht Blättern bildet, inmitten seines Herzens in schwarzer Farbe die Silbe hum erscheint. Die Lichtstrahlen, die von ihr ausgehen, werden in der Mitte des Herzens den wahren Meister finden, den Buddha sowie die Bodhisattvas und Candamaharosanas, von denen gleich die Rede sein wird. Nachdem er sie verehrt hat, soll der Meditierende seine Sünden bekennen, sich an die Regeln der Disziplin halten, die dreifache Zuflucht suchen*, sich des durch die Ge-

schöpfe vollbrachten Guten erfreuen, sich selbst zur Wieder-
gutmachung des den anderen zugefügten Bösen anbieten und
das Gelübde ablegen, die höchste Erleuchtung erstreben zu
wollen. Alsdann soll er über die vier reinen Verhaltensweisen
(brahmavihara) – Sympathie, Mitleid, Freude an den Tugen-
den anderer, Rechtschaffenheit – meditieren und sich Rechenschaft darüber ablegen, daß diese Welt der eigenen Natur, des
Subjektes und Objektes entbehrt, damit er über die absolute
Leere nachdenken kann, indem er die folgende Formel wiederholt: »Meine adamantinische Essenz ist die Erkenntnis der
Leere«.

Danach soll er sich angesichts des auf der Lotusblume mit
acht Blättern im reinen Äther ruhenden Mandala auf die Silbe
hum konzentrieren, die sich ihm wie der Griff eines Schwer-
tes darbietet, das ebenfalls aus der Silbe hum in schwarzer
Farbe entstanden ist. Die Strahlen, die von ihm ausgehen, ziehen alle Buddhas an und lassen sie in die Silbe hum eintreten.
Er soll danach über sricandamaharosana meditieren, als sei es
aus der Silbe hum hervorgegangen.

Danach soll er sich vorstellen, daß das Schwert, dessen Mitte
durch den aus der Lotusblume und der Sonne des Herzens von
Mahakrodhacala geborenen Buchstaben hum gekennzeichnet
ist, sich verwandelt, damit im Herzen – geboren aus der Silbe
hum – ein zweiter Candamaharosana erscheint. Aber auch im
Herzen dieses letzteren soll er an ein grades und schwarzes
Schwert denken, das die Silbe hum kennzeichnet, die sich auf
der Lotusblume und der Sonne befindet. Die Lichtstrahlen,
die sie entsendet, sollen jnanasattva anziehen. Der Schüler betrachte es als samayasattva** und ziehe es an mit der Silbe jan.
Nachdem er sich den Mund gewaschen und ihn mit Wasser be-
spritzt hat, lasse er es in sein Herz eintreten, binde es mit dem
Buchstaben vam, stelle es mit dem Buchstaben hoh zufrieden.
Wie Wasser mit Wasser betrachte er sich selbst vereint mit dem
Gott (Sadhanamala, Baroda, 1925).

Ein anderes Beispiel im Hinblick auf Tara: »Zunächst tritt
der Yoga-Schüler zur Konzentration in die Zelle, die er mit
Blumen von angenehmem Duft geschmückt hat. Er setzt sich
so, daß er kein Unbehagen verspürt, meditiere alsdann über
den Buchstaben a, bis sich dieser in das (weiße) Mond-Man-

---

* zu Buddha, zum Gesetz, zur Gemeinschaft.   ** siehe Kap. IV

dala verwandelt, in dem sich der Same tam von gelber Farbe verbirgt. Er mag alsdann den Chor der Göttinnen sehen, ihm im Raum durch die leuchtenden Strahlen zugeführt, die jener Same entsendet. Er ehre diesen Chor mit Blumen oder ähnlichem und entferne aus sich die Göttin Pushpa und andere, in seinem Herzen aus den entsprechenden Samen entstandene Göttinnen. Danach bekenne er vor diesem Chor der Göttinnen die eignen Sünden: Ich bekenne alle meine Sünden, erfreue mich des von allen Buddhas, den Bodhisattvas, den Heiligen und Laien vollbrachtem Guten und biete alles Gute an, das ich vollbracht haben kann zur Erreichung der höchsten Erleuchtung. Ich nehme Zuflucht zu Buddha, dem Höchsten unter den Menschen, nehme Zuflucht zum Gesetz, dem Großen Pfad, nehme alsdann Zuflucht zur Versammlung der Bodhisattvas, die nicht mehr von der durch sie erreichten geistigen Ebene hinuntersteigen können. Möge ich die höchste Erleuchtung erreichen, damit alle Geschöpfe daraus Nutzen und Vorteile ziehen und es ihnen zum Wohle gereicht, solange sie in der Erleuchtung durch Buddha ruhen können, im absoluten Nirvana. Ich vertraue mich dem Weg an, der zur höchsten Erleuchtung führt, dem Adamantiner Pfad.« – Es müssen danach die Verse gelesen werden, die diese dreifache Zuflucht betreffen. Nun wird meditiert über die Sympathie, die die Synthese der höchsten Erkenntnis gegenüber den Kreaturen darstellt, über das Mitleid, das jede Art Schmerz beseitigt, über die Freude, die unlösbar mit der göttlichen Seligkeit verbindet, über die Rechtschaffenheit, die eine Synthese der sich allen moralischen Ansteckungen entgegenstellenden Verhaltensweisen darstellt.

Danach sind Überlegungen über die Natur der Dinge anzustellen. Alles, was erscheint, ist nur Gedanke, der irrtümlich in der einen oder anderen Gestalt auftaucht. Wie im Schlaf, gibt es nichts, was objektiv außerhalb des Gedankens liegt. Und da es keinen äußeren Gegenstand gibt, existiert nicht einmal der Gedanke als Subjekt jenes Objekts. Darum sind alle Dinge nur Gedanke und ihre wahre Natur ist die absolute Leere von Subjekt und Objekt. Hat der Schüler dies einmal erfahren, muß er jede Form von Dingen als Zeichen des Irrtums, als durch Irrtum bedingt zurückweisen und intuitiv erkennen, daß ihre einzige Natur lediglich als absolute Identität zu definieren ist, als reiner farbloser Kristall, wie der reine herbstliche Himmel zur Mittagszeit. Dies wird Erkenntnis der absoluten transzendentalen Leere jenseits jeglicher Auswirkung und jedes Bildes genannt. Der Meditierende möge diese Intuition durch das Mantra om fixieren: ›Mein adamantinisches Wesen ist die Erkenntnis der absoluten Leere. Sie ist die Vollkommenheit der höchsten Erkenntnis – sie ist mein bester Schutz‹. Er soll alsdann über den durch die menschliche Erkenntnis gegebenen, der absoluten Ebene entstammenden Schutz meditieren, der eine Gestalt angenommen hat. Angesichts des Buchstaben r möge er sich vorstellen, daß vor ihm die Sonne erscheint und in dieser Sonne das visvavajra*, das aus der Silbe hum entstanden ist. Er stelle sich ferner vor, daß sich dieses visvavajra in ein Bollwerk und als solches in ein Diamantennetz verwandle. Die kaum erträglichen Strahlen des visvavajra gleichen dem Feuer, das am Ende der Zeiten brennt. Sie weiten sich in alle Richtungen aus, um sich zu einem viereckigen Bollwerk aus leuchtenden Diamanten zusammenzufügen. Über ihm glänzt ein Netz von Diamanten und der Boden aus Diamanten unter ihm reicht bis in die tiefsten Tiefen der Erde. Sonne und Diamant senden Strahlen aus, die auf die zehn Punkte des Raums** gerichtet sind, um an der äußersten Pforte Halt zu machen. In der Mitte befindet sich ein Dreieck, das als Ursprung der Dinge bezeichnet wird. Es wurzelt wesenhaft im Großen Vajradhara, der weiß wie herbstliches Licht ist. Unten liegt die Spitze, während sich die längste Seite des

---

* Unter visvavajra wird ein doppelter vajra verstanden, der auf Tibetanisch rdorje heißt. Es ist ein Instrument aus Bronze oder Messing, das bei verschiedenen Zeremonien der Initiation gebraucht wird. Es erinnert in seiner Form an Jupiters Blitz, und es ist nicht unwahrscheinlich, daß sich hinter dieser Analogie eine Verwandtschaft verbirgt: vajra bedeutet zugleich Blitz und Diamant. Doch die Bedeutung von Diamant herrscht vor, um die Unverbrüchlichkeit der Erkenntnis und die Unverletzbarkeit der göttlichen Essenz zum Ausdruck zu bringen. Für Zeremonien wird vajra von einem Glöckchen begleitet, das als Symbol der Leere gilt, als Symbol der Substanzlosigkeit aller Erscheinungen und damit auch der Erkenntnis.
Vajra ist Symbol von upaya, dem Mittel, das in Gemeinschaft mit der Erkenntnis das Mitleid bewirkt. Beim Ritus hängt vajra mit dem Glöckchen zusammen, das in der linken Hand gehalten wird, um zu bedeuten, daß der Gedanke der Erleuchtung, bodhi, das Bewußtsein, das wir in uns wecken sollen, nur durch die Synthese der beiden Pole aufkommen kann: Erkenntnis — Mitleid. Visvavahra oder der doppelte vajra hat die Form eines Kreuzes.
** Vier Kardinalpunkte, vier mittlere Punkte, Zenit und Nadir

Mitte eine doppelte Lotusblume, zwischen deren Blättern visvavajra liegt.

Auf diesem Altas sind die vier Elemente in Form von vier Mandalas angebracht, wesenhaft wurzelnd in vier Gottheiten, eine über der anderen. Dann – gemäß der Silbe yum – das Mandala, das in Gestalt eines Bogens dem Wind entspricht. Es ist von grauer Farbe. An beiden Seiten befinden sich Wimpel. Dann – gemäß der Silbe ram – das Mandala des Feuers. Es ist dreieckig und rot, an den Ecken durch den Buchstaben r gekennzeichnet. Der Silbe vam entspricht das Mandala des Wassers. Es ist rund, weiß und zeichnet sich durch eine Glocke aus. Der Silbe lam entspricht das Mandala der Erde. Es ist rechteckig und gelb. An seinen Seiten befindet sich je ein vajra mit drei Spitzen. Darunter erscheint ein Rad. Es entspricht der Silbe hrum. Dies ist das Symbol der transzendentalen Erkenntnis, die alles durchdringt. In der Mitte des Altars wird ein Palast sichtbar, der auf die Verwandlung der vier großen Elemente durch das visvavajra zurückgeht. Dieser Palast stellt auf gleichnishafte Art das reine Reich von Buddha dar, die Stadt der großen Befreiung, die durch Vairocana bewirkt wird.

Der Palast hat vier Pforten. Er ist mit acht Säulen geschmückt. Vier Veranden mit Bögen umgeben ihn. In der Mitte befindet sich das Bild des Mondes. Er ist durch Verwandlung einer doppelten Reihe von Vokalen entstanden. Darunter ein vajra, das aus der Verwandlung der Silbe tam hervorgegangen ist. Im Körper dieser Silbe tam befindet sich die Sonne, geboren durch Verwandlung einer doppelten Reihe von Konsonanten, vereint mit einer doppelten Reihe von folgenden Buchstaben: da dha da dha ya la.

»Wenn diese beiden (Sonne und Mond) in Konjunktion sind, entsteht eine große Seligkeit. Mit den aus diesen Samen, aus den genannten Silben stammenden Strahlen, soll der Meditierende die Geschöpfe anziehen. Nachdem er den Himmel mit seinen Schutzgottheiten durchdringen ließ, muß er über die durch Verwandlung jener angewandten Silben geborene Göttin Tara meditieren« (Sadhanamâlâ I, S. 224).

Wie man sieht, verschmelzen sich beide Prozesse oft miteinander. Es bleibt aber die Tatsache bestehen, daß der heraufbeschworene und niedergestiegene Gott in der Mitte der Lotusblüte in Erscheinung tritt, die in geheimnisvoller Weise im Raum des Herzens entstanden ist. Das geschieht durch die,

Dreiecks oben befindet. Im Innern ist der Raum und in der dank der Meditation oder magischen Handlungen bewirkte Verwandlung, die den Urzustand des Raums veränderte gerade in dem Augenblick, in dem sich die ideale Geschichte des Universums vollzieht – das Zusammenfließen von Ich und Gott, wobei die Illusion der Zeit, des Raums und der Psyche in der Entstehungssynthese aufgeht.

Ich habe aus buddhistischen Texten zwei Beschreibungen des Vorganges der Heraufbeschwörung gewählt, der sich in der Lotusblume des Herzens vollzieht. Ich habe es nur getan, weil sie ins Einzelne gehen. Es wäre unrichtig anzunehmen, daß dieses System nur bei Buddhisten üblich ist. Es handelt sich vielmehr um Meditations- und Beschwörungsmethoden, die alle indischen Schulen anwenden und auf die sie ihre Erfahrung gründen. Sie bezwecken alle das Gleiche: aus der samsarischen Natur einen neuen Menschen zu entwickeln, den absoluten und unendlichen kosmischen purnsha.

Nach einem Jaina-Text* *(Tattvarthasaradipika)* muß sich der Meditierende, um sich auf sich selber konzentrieren zu können, einen ungeheuren Milchozean vorstellen, in dessen Mitte ihm eine Lotusblume erscheint, groß wie *Jambudvipa,* der südliche Kontinent unter vier anderen, die nach indischer Kosmogonie das Universum ausmachen. Diese Lotusblume hat tausend Blätter, ist ganz aus Gold, und die Blumenhülle erhebt sich wie ein Berg aus Gold. Der Meditierende muß sich auf dem Gipfel jenes Berges, sitzend auf einem Thron, vorstellen. Er wird sich als absoluter Herrscher über die eigenen Leidenschaften empfinden. Er ist auf ideale Weise zum Gipfel der Existenz emporgetragen worden, wo sich die Auflösung des Karma vollziehen soll, damit er auf die Nirvana-Ebene umsteigen, d. h. das kaivalya erreichen kann, die endgültige Isolierung der Seele von jeder karmischen Unreinheit, wodurch sie ihre präsamsarische Reinheit wiedergewinnt.

Später wird der Schüler sich auf der Höhe seines Nabels eine sechzehnblättrige Lotusblume vorstellen. Auf diesen Blättern sind vierzehn Vokale a, a, i, i, u, u, e, ai, o, au, r, r (lang), l, l (lang) sowie am und ah sichtbar. Das Wort arhan, mit

---

* Der Jainismus ist eine der ältesten Religionen Indiens, die heute noch lebendig ist und als ihren Meister Jina Mahavira erkennt. Über Einzelheiten vgl. Tucci, Asia religiosa, Rom, 1946, Storia della filosofia indiana, Bari, 1957.

dem der Heilige bezeichnet wird, der diese Isolierung erreicht hat, glänzt jetzt in der Mitte der Blumenhülle. Vom Buchstaben r (der dem Samen des Feuers entspricht) wird in Richtung des Wortes arhan Rauch ausgehen. Dieser Rauch wird von Funken begleitet und später von einer gewaltigen ständigen Flamme, die – stark entfacht – in der Mitte des Herzens die achtblättrige Lotusblume verbrennt. Die Lotusblüte mit acht Blättern versinnbildlicht die acht Arten von Karma, die die Seele zur Wanderung zwingen und sie daran hindern, ihre Reinheit zu bewahren.

In einer dritten Phase hat sich der Meditierende einen Wirbel vorzustellen, der die Asche der verbrannten Lotusblume wegfegen soll.

Schließlich in der vierten Phase muß er an einen starken Regen denken, der in seinem Leib diese Asche auflösen soll.

Die Aufzählung könnte noch so bis ins Unendliche fortgesetzt werden, was uns aber zwingen würde, immer die gleichen grundlegenden Ideen und die Varianten der gleichen Themen zu wiederholen. Die von uns beschriebenen Beschwörungen angesichts der Mandala-Darstellungen erlauben es uns hingegen, eine wichtige Betrachtung anzustellen.

Die Darstellung himmlischer Zyklen in Gestalt von Mandalas ist kein Produkt eines willkürlich errichteten Gefüges, sondern der Widerschein persönlicher Intuitionen, dem geeignete Vergleiche entsprechen. Aus fast angeborener Anlage heraus fixiert der menschliche Geist in Bildern den ewigen Gegensatz zwischen der wesenhaften Lichtheit seines Bewußtseins und den Kräften, die es verdunkeln, und legt sich Rechenschaft von diesem Prozeß ab.

Wenn wir z. B. auf beiden Seiten des *Bardo** Hinweise auf die göttliche Lotusblüte oder im Yoga die Beschreibung der heraufbeschwörten Gottheiten und ihres Einwirkens auf die mystische Blume inmitten des Herzens finden, so handelt es sich in beiden Fällen nicht bloß um einfache Reflexe des Mandala-Schemas, das die Schulen ikonographisch ausgearbeitet haben. Man soll nicht denken, daß die von den Eingeweihten-Schulen gründlich durchdachte Mandala-Theorie dazu beigetragen hat, jene Rangordnung der göttlichen Chöre festzulegen. In Wirklichkeit ist das genaue Gegenteil der Fall. Diese

---

* Das Tibetanische Totenbuch, Olten 1971.

Visionen und Erleuchtungen entstehen im menschlichen Geist aus einer innerlich bedingten Notwendigkeit. Jung gebührt das Verdienst*, erstmalig erkannt zu haben, daß sie in einer bestimmten Form in der Vorstellung aufkommen, als Strahl, als Blume, in runder oder viereckiger Form, gruppiert um eine zentrale Lichtquelle. Nachdem er diese innere Schau entdeckt und darüber nachgedacht hat, setzte er mittels sicherer Vergleiche ihre Regeln fest, so – mit einer wahrhaft nur den theologischen Schulen eigenen Feinfühligkeit – Masse und Farben, indem er die Spontanität jener Bilder in feste Grenzen bannte. Das so aus einem inneren Impuls hervorgegangene Mandala wurde solchermaßen aus einem Hilfsmittel der Meditation zum äußeren Werkzeug, um in der Einkehr jene Visionen hervorzurufen. Die früher launisch plötzlich aufkommenden Visionen sind außerhalb des Meditierenden projiziert worden, der, indem er sich darauf konzentriert, den Weg wiederfindet, um seine geheime Wirklichkeit zu entdecken.

Es gilt also, das Mandala in seinen einzelnen Teilen zu beschreiben. Dabei muß zugleich versucht werden, Elemente verschiedener Herkunft zu identifizieren, die seine Symbolik bestimmt haben.

Das Mandala wird auf eine geweihte Fläche am Boden mit entsprechenden Riten gezeichnet. Um seine Linien zu ziehen und seine Figuren zu zeichnen, wird üblicherweise Staub verschiedener Färbung verwendet. Die Wahl der Farben erfolgt nach Anweisungen, von denen gleich die Rede sein wird. Das ist die Regel, die der Meditierende, der zum mysterium magnum vordringen möchte, für die Initiation in verschiedene tantrische Zyklen zu befolgen hat.

Später wurde das Mandala auch auf Leinwand gezeichnet, um die Konzentration auf seine Symbolik zu ermöglichen und sich den Erkenntnisbau der Welt zu eigen zu machen, wie dies die verschiedenen tantrischen Erlösungssysteme fordern.

Ein Mandala zu zeichnen, ist keine einfache Aufgabe. Es ist ein Ritus, der auf die Palingenesie des Einzelnen abzielt. Dieser muß sich dessen Einzelheiten mit größter Aufmerksamkeit vertraut machen. Dies verlangt die Wichtigkeit des erstrebten Zieles. Ein Irrtum, ein Übersehen oder Vergessen können das

---

* vgl. Jung & Wilhelm, Das Geheimnis der Goldenen Blüte, Walter Verlag, Olten 1971.

Werk unwirksam machen. Nicht nur, weil bei jeder magischen oder ritualen Handlung die Vollkommenheit Gewähr des Erfolges ist, sondern weil jede Unzulänglichkeit Unachtsamkeit verrät, ein Zeichen, daß die Teilnahme des Zelebranten der nötigen Konzentration und Andacht entbehrt. Es fehlen dann die psychologischen Bedingungen, die in seinem Geiste den Prozeß der Befreiung fördern sollen. Daraus erklärt sich wiederum die Genauigkeit, mit der die buddhistischen Meister die Regeln studiert haben, um ein Mandala zu schaffen. Sie fangen z. B. damit an, daß sie die Beschaffenheit der für die Zeichnung der einzelnen Teile zu verwendenden Stricke, also das Material untersuchen, aus dem sie gemacht ist. Es muß festgesetzt werden, aus wie vielen einzelnen ineinandergewirkten Fäden sie bestehen darf. Fünf Fäden sind vorgeschrieben, jeder von anderer Farbe. Diese mit Staub gefärbten Fäden sind unentbehrlich, um die einzelnen Teile des Mandala abzugrenzen. Sie werden auf die Fläche gelegt, auf der das Mandala gezeichnet werden soll. Ihre Enden werden gestreckt und fixiert. Dann werden sie mit zwei Fingern gehoben und fallen gelassen. Das Pulver, das sie färbte, verstreut sich. So entsteht der Grundriß, in den sich die späteren Zeichnungen einfügen. Die Traktate schreiben ebenfalls die Zahl dieser Fäden sowie die Läuterungsriten mittels verschiedener Instrumente vor. Es gibt keine Einzelheit, die unberücksichtigt bleibt, wie jeder feststellen kann, der z. B. den ausführlichen Traktat liest, den der berühmte Reformator des Buddhismus, Tsong k'a pa, über den »Diamanten-Pfad« (Vajrayana) geschrieben hat.

Grundsätzlich läßt sich sagen, daß das Mandala aus einem äußeren Gürtel und einem oder mehreren konzentrischen Kreisen besteht. Diese umschließen ihrerseits ein Quadrat, das durch Querlinien geteilt ist. Diese Linien gehen von der Mitte aus und berühren die vier Ecken, so daß sich die Fläche in vier Dreiecke aufteilt. In der Mitte jedes Dreiecks befinden sich fünf Kreise mit Figuren von Gottheiten und Emblemen.

Von der Symbolik der einzelnen Teile wird bald die Rede sein. Inzwischen muß gesagt werden, daß über diesem Zeichenmuster wesentlicher Linien ein noch komplizierteres Schema lagert, in dem jedes Element seine Bedeutung und seinen besonderen Namen hat. Zur größeren Klarheit sei auf Tafel I verwiesen, die, wenngleich auf das Wesentliche reduziert, uns die Kompliziertheit der Zeichnung zeigt.

Das Mandala ist also von einem Kreis umgeben und umgrenzt, in dem Spiralen zu sehen sind, die sich ineinander winden. Das ist der »Feuerberg« (me ri), eine flammende Barriere, die dem Anschein nach den Zugang zu ihm versperrt. Nach der Tantra-Symbolik bedeutet sie das Wissen, das die Unwissenheit verbrennen, die Finsternis des Irrtums verscheuchen und zur Bewußtheit führen soll, die wir suchen.

Anschließend handelt es sich um den »Gürtel des Diamanten« (rdo rje ra ba). Der Diamant ist Symbol der höchsten Bewußtheit, bodhi, Erleuchtung, das wesenhafte Bewußtsein, das, wenn es einmal erreicht ist, nicht mehr verloren geht, weil es unveränderlich ist wie ein Diamant. Buddha sitzt auf einem Diamanten, vajrasana; der »Sitz des Diamanten« heißt Bodhgaya. Es ist der Ort, an dem ihm die höchste Erleuchtung kam und er zum Buddha wurde. Doch dieser Sitz des Diamanten ist nicht auf einen Punkt im Raum fixiert, ebenso wie die Erleuchtung nicht nur einmal unter dem ficus indica in jener berühmten Nacht erfolgte, als Bodhisattva, nachdem er Stufe um Stufe zur höchsten Offenbarung hinaufgestiegen war und den Gott der Liebe und des Todes Mara besiegt hatte, der über die Maya herrscht, zum Buddha wurde. Der Sitz des Diamanten ist außerhalb von Zeit und Raum. Er ist in jedem Ort und in jedem Augenblick, in dem sich der Übergang von einer Ebene zur anderen vollzieht. Auch der Lapislazuli kann Symbol sein – nicht der anderen Ebene, sondern einer himmlischen, übermenschlichen. Der Boden im Paradies des Gottes des Lichts und des ewigen Lebens Amitabha oder Amitayus ist deshalb Lapislazuli. Es handelt sich um einen Boden ohne jede Erhebung, weil er sich außerhalb der Erde und ihrer Begrenzung befindet. Er läßt darauf deuten, daß sich eine geistige Bedingung bewahrheitet hat, für die es weder Bewegung noch Wirbel der Leidenschaften gibt, sondern nur den klaren und unbeweglichen Glanz.

Vor allem gibt es in den Mandalas, die den Schrecklichen Gottheiten gewidmet sind, einen Kreis, in dem acht Friedhöfe dargestellt sind. Nach der exoterischen Tradition handelt es sich um acht furchterregende Ortschaften, die in verschiedenen Teilen Indiens liegen. Dorthin gehen die Asketen, um zu meditieren. Es sind acht, und sie sind in Form eines Kreuzes angeordnet wie das Diagramm des Mandala. Vier befinden sich an den Haupt- und vier an sekundären Punkten. Da der

Punkt in der Mitte fehlt, sind es nicht neun. Sie sind peripherisch, befinden sich an den äußersten Punkten der Mandala-Arme oder der acht Blätter der Lotusblume, die der Ebene der geistigen Essenz entspricht. Der Punkt in der Mitte fehlt, weil – esoterisch betrachtet – die besagten Friedhöfe keiner geographischen Einheit, sondern den acht Aspekten des aufgelösten Bewußtseins, vijnana, dem verlorenen Mitbewußtsein entsprechen. Das Individuum hat in der Erfahrungswelt Schiffbruch erlitten, weil es sich durch den karmischen Zwang überwältigen ließ und dem Bann des Unbewußten verfiel. Von den genannten Aspekten gibt es acht. Fünf davon beziehen sich auf die Sinne, d. h. sie stellen Eindrücke dar, die die Sinne uns von der Außenwelt vermitteln. Dazu kommt manovijnana, das intellektuelle Wissen. Dann vijnana, das befleckte und vergiftete Denkvermögen des Individuums. Schließlich alayavijnana, die Bewußtseinschicht, von der wir schon gesprochen haben und in der die einzelnen und kollektiven Erfahrungen gesammelt werden.

Diese acht vijnana sind Ursache des samsara und bedingen seine Entfaltung. Solange sie wirken, werden wir in dem Kreislauf von Geburt und Tod mitgerissen. Sie sind daher als Friedhöfe nach einem genauen ikonographischen Schema dargestellt. In jedem von ihnen befindet sich ein Berg, das stupa*, ein Fluß, ein Baum. Zu jedem gehört ein Asket, der sich dort aufhält – abwesend und seiner sicher. Wie man sieht, ist diese Darstellung parallel zu der der Paradiese. Wie es acht Friedhöfe gibt, so gibt es auch acht Paradiese. Die Tradition hat sie an verschiedene Kardinalpunkte gestellt. Dabei sind einige wichtiger geworden als die anderen, um letztere in Vergessenheit geraten zu lassen oder sie daran zu hindern, sich auf die erste Ebene zu erheben.

Auch in den Paradiesen gibt es Bäume. Doch sind sie nicht mehr düstere Wächter von Verbrennungsfeldern. Sie glänzen von Kleinodien und Edelsteinen. Flüsse und Seen erheitern sie mit frischem und duftendem Wasser. Es fehlen nicht die stupa, weil sie der dharmakaya sind, der »Leib des essentiellen Bewußtseins«, die ewige Wahrheit, die als architektonisches Gefüge zum Ausdruck kommt. Die Entsprechungen ließen sich noch durch viele andere Einzelheiten vermehren. Was bedeu-

---

* siehe Seite 30

tet all dies? Daß vijnana oder citta, das Prinzip der Bewußtheit, das Wirken der Psyche zweiseitig ist. Es wirft die Geschöpfe in die Wogen des Ozeans der Existenz, doch es erhebt sie zugleich durch geistige Verwandlung auf eine andere Ebene. Es bindet sie an das Leben und damit zugleich an den Tod. Denn wer lebt, stirbt. Oder es führt sie in Sphären, wo es keinen Tod mehr gibt – jenseits der Zeit. Es ist zweiseitig wie die sakti, die »Macht«, als Dreieck mit der Spitze nach unten dargestellt, Vielfältigkeit und Auflösung bedeutend. Durch das Dreieck mit der Spitze nach oben wird die erweckte kundalini versinnbildlicht, die nach Reintegration in der ursprünglichen Einheit von Shiva strebt, dem Gott, »der in sich die sakti trägt«, die unauflösbare Identität. Wir stehen gleichen Ideen gegenüber, die aber durch andere Formen und mit anderer Betonung zum Ausdruck kommen. Jene weißschimmernden Knochen auf den Friedhöfen zeigen die gelebte und überwundene Welt, die beseitigte irdische Ebene, von oben gesehen tot und unwirksam.

Der Eingeweihte ist von ihnen für immer erlöst.

Den Friedhöfen folgt ein Gürtel von Lotusblättern. Nach der oben erwähnten Symbolik wird durch ihn auf die geistige Geburt hingewiesen. Die Lotusblätter öffnen sich nach außen, weil die Ebene, die sie darstellen, nicht abgeschlossen ist. Sie streckt sich dem Neubekehrten gleichsam entgegen, der die Mysterien der Erkenntnis verstehen und sie mit der Seele erleben soll. Die Götter sitzen auf der geschlossenen Lotusblüte, weil sie sich nur auf der anderen Ebene zeigen, deren Wesenhaftigkeit sie darstellen. Sie sind der Endpunkt. Die nach außen gerichteten Blätter sind der Zugang zum Weg der Palingenesie, doch die noch nicht aufgeblühte Lotusblüte in der Mitte zeigt die Rückkehr, die ursprüngliche Synthese an.

In der Mitte dieses ersten Kreises ist das eigentliche Mandala eingezeichnet, das auch Palast genannt wird (vimana, tib.: zal yas k'an), d. h. den Ort bedeutet, wo sich die Bilder der Götter befinden. Ihre Dimensionen sind von einer Maßeinheit, die gewöhnlich einem Achtel der brahmarekha entspricht, der Linie, die das Mandala in der Mitte von Nord nach Süd teilt und die axis mundi versinnbildlicht, die dem Makrokosmos entsprechende Wirbelsäule des Menschen, sumeru. Als Maßeinheit für die weniger wichtigen Figuren wird der vierte Teil dieses Segments verwendet.

In der Mitte von jeder der vier Seiten öffnet sich eine Pforte in Gestalt des Buchstaben T. An jede von ihnen lehnen sich fünf Streifbänder in fünf Farben an, die sich an den vier Seiten verlängern und die Pforten miteinander verbinden. Das sind die Mauern dieser heiligen Stadt. Über den Pforten wölbt sich das torana, eine Art Triumphbogen, der sich auf zwei oder mehr Pfeiler stützt. Dieses torana besteht aus elf kleinen Vordächern, eines über dem anderen. Sie verjüngen sich nach und nach. Auf dem Gipfel dieses Bogens befindet sich eine Rundscheibe mit der Darstellung des zwölfspeichigen Gesetzesrades. Links und rechts erinnern zwei Gazellen an die Abhaltung der ersten Predigt, die im Park der Gazellen in Sarnath stattgefunden hat. Über dem Rad sieht man einen Schirm, Zeichen des Königtums. An seinen Seiten befinden sich Bandstreifen, die auf Gefäße aufgepflanzt sind.

Die Mauern sind, wie schon gesagt, durch fünf Streifen in fünf verschiedenen Farben dargestellt. Jeder von ihnen wird besonders bezeichnet: Fundament, Rand, Balken, Kette und Halbkette – diese beiden Teile sind mit Figuren in Gestalt herabhängender Guirlanden oder in Gestalt speiender Seeungeheuer (makara) geschmückt – edelsteinbesetzte Fransen. Über ihnen befindet sich ein Balkon mit Lotusblüten. Darüber sieht man Bäume des Paradieses, die aus bum pa bzan po (bhadrakalasa) gesprossen sind, einem Gefäß, das Wasser der Unsterblichkeit enthält. Es fehlen nicht die Gemmen als Symbol des Weltmonarchen, das cakravartin, das achtspeichige Rad, der Elefant mit sechs Beinen, das grüne Pferd, das sechzehnjährige Mädchen, eine Gemme, die sechs Strahlen entsendet, der rote Minister, der in der Hand den Schatz hält, der schwarze General mit Panzer, Schild und Speer.

Die Symbolik dieser Konstruktion ist klar sowohl in ihren Ursprüngen als auch in ihrer Bedeutung. Sie entstand nach langen Verwandlungen aus dem assyrisch-babylonischen zikurrat, das auch eine Kosmographie des Universums war und ursprünglich ebenfalls fünf Gürtel hatte, aus denen später unter dem Einfluß ausgearbeiteter astronomischer Entsprechungen sieben wurden. Dem zikurrat entstammt, wie bereits erwähnt, das Schema der kaiserlichen Paläste im Iran.

Der Buddhismus hält am Fünferschema fest, weil es der kosmischen und psychischen Dualität der indischen Tradition entspricht. In der Mandala-Zeichnung sind die fünf Mauern als Bündel des gleichen Streifbandes dargestellt, eines neben und nach dem anderen, ohne Berücksichtigung der richtigen Perspektive. In jedem Falle läßt die Übereinstimmung zwischen dem Plan der Kaiserstadt und dem Mandala-Schema – und darüber hinaus mit den verschiedenen Emblemen, die die verschiedenen Teile von ihm schmücken – keinem Zweifel Raum, daß das Mandala als Wohnstätte des Königs konzipiert wurde. Das erklärt sich aus der engen Verbindung zwischen der heiligen Welt und dem Königtum, die auf die Anfänge der indischen Kultur zurückgeht: Sakra, der König der Götter, sitzt im Himmel umgeben von seinem Hof wie ein König auf seinem Thron. Sein Paradies ist ein imaginärer großer Palast, und die Phantasie gefällt sich darin, die überirdische Pracht der ihn umschließenden Umgebung zu verherrlichen.

Im Buddhismus ist diese Übereinstimmung noch offensichtlicher infolge der Überlagerung der mystischen Gestalt des Buddha durch die Mythographie des Cakravartin, des Universalmonarchen, die die Inder nach und nach entwickelten seit sie mit dem Iran in Kontakt kamen und mit dessen Kaiserkonzeption vertraut wurden.

Die Zeremonie, die sich im Mandala vollzieht, ist vor allem ein abhisheka, eine Krönung, so genannt, weil sie wie die Zeremonie der Krönung eine Taufe durch Bespritzen mit Wasser voraussetzt. Die Buddha-Bilder im Mandala weisen königliche Gewänder und Tiaren auf. Die Paradiese der einzelnen Buddhas sind Buddhakshetra, Buddha-Reiche. Dem Jünger, der in das Mandala eintritt, drängen sich königliche Zeichen und Embleme auf, sobald die Zeremonie der Taufe beendet ist. Eine der Taufen heißt mukutabhisheka, Tiarataufe, weil der Eingeweihte mit einer Krone geschmückt wurde. Er wird zum König, da er über dem Treiben der kosmischen und psychischen Kräfte steht, nachdem er in den Ursprung von Allem eingeführt worden ist. Er ist über Alles König, dem Tathagata ebenbürtig.

Im Innern dieser idealen Stadt befindet sich das eigentliche Mandala: die symbolische Darstellung der ungetrübten Erkenntnis. Es ist geschützt durch eine neue Kette von vajra (in tib.: rdo rje) und umgeben von Lotusblüten. Das ist der Ort der wesentlichsten Gottheiten und ihrer Symbole.

Was ich kurz beschrieben habe, ist das Mandala-Schema, wie es, um es nochmals zu wiederholen, in der tibetanischen Dokumentation erscheint, die die reichste an malerischen mystischen Diagrammen ist. Doch auch in diesem Falle folgte Tibet den Lehren und Modellen Indiens. Es genügt, die einzelnen Abschnitte der verschiedenen Tantras zu lesen, die dem Mandala gewidmet sind, um festzustellen, daß sich die Malereien von Tibet mit größter Genauigkeit, die keine Abweichungen gestattet, den ikonographischen Modellen anpaßt, wie sie in der esoterischen Literatur Indiens beschrieben sind. Doch obgleich alle von uns erwähnten Beispiele und die, die wir noch beschreiben werden, vom Buddhismus angeregt sind, bedeutet das keinesfalls, daß das Mandala nicht auch bei anderen religiösen Schulen bekannt ist.

Es wird tatsächlich im Hinduismus angewendet, so z. B. in der Shiva-Schule von Kaschmir und wurde sehr gut von Abhinavagupta in seinem Tantraloka beschrieben. Dort haben die Mandalas verschiedene Formen und sind dazu bestimmt, das Bewußtsein unserer Identität mit dem Bewußtsein des Universums zu erwecken (Tantrasara von Abhinavagupta, Kap. 14 ff.). Sie können zweierlei Art sein, je nachdem, ob sie der Verleihung besonderer Machtbefugnisse dienen oder zur Befreiung dienen sollen, wenn der Jünger mit dem Herrn vereint ist. Die Besonderheit dieser Schule ist die Tatsache, daß die Initiation in das Mandala auch bei einem abwesenden und selbst einem toten Schüler möglich ist. Im Hinduismus ersetzen das Mandala meistens die yantras. Das sind aus Linien bestehende Diagramme, die das gleiche Prinzip ausdrücken. Bis auf wenige Ausnahmen nehmen den Platz der Götter die entsprechenden mantras ein. Die mystische Essenz kommt in der Symbolik der Lautbildungen, in komplizierten Dreieckkombinationen verschiedener Maße oder durch die Lotusblüte zum Ausdruck, auf deren Blättern die entsprechenden Lautsymbole erscheinen. Offensichtlich gleicht das aus Linien bestehende yantra-Schema im wesentlichen dem Mandala-Schema.

Es ist auf Unduldsamkeit und Abneigung der geheimnisvollen Shiva- und Shakta*-Schulen des mittelalterlichen Indiens zurückzuführen, wenn diese sich weigern, den Nicht-Ein-

---

* Diejenigen, die das Schwergewicht auf die sakti legen, die unendliche göttliche Potenzialität.

geweihten die Bilder der Götter zu zeigen. Dazu trug auch die Tatsache bei, daß das Shiva- und *Shakta*-Pantheon nicht so reich ist wie das buddhistische, wenngleich es unter der vagen Bezeichnung *shakti, Yogini* eine unendliche Zahl von weiblichen Gottheiten enthält – ein unaustilgbares Erbgut der ältesten religiösen Erfahrung Indiens.

Ein ausgezeichnetes Beispiel eines indischen Mandala ist das sogenannte sricakra, das Rad des sri, der sakti oder göttlichen Kraft. Diese letztere ist die bewegende Macht des Universums, mit deren Hilfe Gott sich offenbart und in den Dingen entfaltet, weil er ohne sie ohnmächtig wäre: »Nur mit dir vereint, oh Sakti«, sagt die Saundaryalaharî, »– habe ich die Macht, um absoluter Herrscher zu sein, sonst hätte Gott nicht einmal die Fähigkeit, sich zu bewegen« (Vers I). – Ohne auf Einzelheiten des Gefüges einzugehen, genügt es uns, zu wissen, daß dieses Mandala aus vier gleichschenkeligen Dreiecken mit der Spitze nach oben und aus fünf anderen mit der Spitze nach unten besteht. Alle Dreiecke sind von verschiedener Größe und durchkreuzen sich gegenseitig. In der Mitte befindet sich ein Punkt, bindu, der geheimnisvolle »Tropfen« als Prägeform (Tafel III).

Die erwähnten Dreiecke sind in einen ersten Kreis eingefügt, den acht Blumenblätter schmücken, dies, um die Lotusblüte der Schöpfung zu versinnbildlichen, von der wir bereits gesprochen haben. Es folgt ein anderer Kreis mit sechzehn Blumenblättern. Dann kommt ein dreifacher runder Gürtel (trimekhala), umschlossen von einem Quadrat mit vier Öffnungen an den vier Kardinalpunkten (bhupura) wie beim Mandala. In diesem so entstandenen Dreieck-Komplex, der in einigen grundlegenden Aspekten die Zerklüftung der Urpotenz anzeigen soll, bedeuten die fünf Dreiecke mit der Spitze nach unten die fünffache Eigenart der Macht, während die vier Dreiecke mit der Spitze nach oben Shiva versinnbildlichen.

Doch andere Autoren wie Lakshmikara deuten das Schema in umgekehrter Weise, so, als hätten die fünf Dreiecke, die auf die Macht schließen lassen, die Spitze nach oben. Doch der Unterschied ist nur ein scheinbarer. Es hängt davon ab, worauf der Schüler seinen Blick lenkt. Die nach unten gerichtete Spitze der Machtdreiecke ist Symbol einer Tendenz nach Verwirklichung. Ist sie nach oben gerichtet, zeigt sie das Gegenteil an, die Rückkehr.

Wie man sieht, gibt es kein Bild von Gottheiten. Die ikonographische Darstellung fehlt. Alles reduziert sich auf eine geometrische Zeichnung, die durch das gegenseitige Sich-Überkreuzen der Linien sehr kompliziert ist. Das Einzige, was vom buddhistischen Mandala übrigbleibt, ist der äußere Gürtel mit den Pforten und der Lotusblüte. An Stelle des Bildes erscheint die Linie, das Prinzip bleibt aber das gleiche. Es handelt sich um eine wesenhafte, die Quintessenz heraushebende Vereinfachung der gleichen Idee*.

Mit Ausnahme der größeren Linieneinfachheit unterscheidet sich das yantra nicht vom Mandala. Es hat den gleichen Sinn und wird zum gleichen Zweck gebraucht. Wie das Mandala, so kann auch das yantra provisorisch oder endgültig sein. Das erstere wird gezeichnet, wenn es erforderlich ist und dann zerstört. Das letztere bleibt bestehen. Von dieser Art sind die in Steine gemeißelten oder in Bronze gegossenen yantras, die nicht selten in indischen Tempeln zu sehen sind.

Bei den yantra-Initiationszeremonien ist fast immer das primitive Symbol des mundus, des Gefäßes üblich. Es wird mit reinem und wohlriechendem Wasser gefüllt unter Zusatz von verschiedenen Ingredenzien und in der Mitte des yantra aufgestellt, damit sich die Hinabkunft der Gottheit vollziehen kann.

---

* Das Mandala der Devi ist in seinen Einzelheiten von Bhaska Raya in seinem Kommentar zu Vamakesvara Tantrantargata nityashodasikarnava (Anandasrama SS. 36ff) beschrieben worden. Dieses vom berühmten Tantra-Meister verfaßte Kapitel ist von großer Bedeutung für die Theorie des indischen Mandala.

III. KAPITEL

SYMBOLIK DES MANDALA
UND SEINER TEILE

Wir kennen nunmehr das elementare Schema des Mandala. Wir haben sozusagen seinen Knochenbau rekonstruiert. Wir haben das Schema der Linien beschrieben, die es bestimmen, in Teile gliedern und sezieren. Doch all dies ist nur das äußere Diagramm. Es gilt jetzt zu prüfen, was auf seine Oberfläche gezeichnet werden soll, welcher symbolischer Sinn den Figuren zukommt, die dargestellt werden und vor allem, wie der Jünger dieses Wirrwarr von Hieroglyphen entziffert, um mittels dieser Bilder zum geheimnisvollen Sinn vorzudringen, den sie verbergen.

Das Mandala ist im Innern, wie wir gesehen haben, in fünf Abteilungen aufgeteilt, weil an den vier Seiten eines Bildes oder Hauptsymbols in den Kardinalpunkten vier andere Bilder oder Symbole erscheinen. Es ist darauf zu achten, um diese Aufteilung nicht in oberflächlichem, kosmographischem Sinn zu verstehen. Hier zeigt die fünffältige Disposition der Bilder und Symbole nicht nur die vier Kardinalpunkte an, die sich um ein Zentrum drehen*, das sie bestimmt, indem es um sich herum die räumlich-zeitliche Folge entfaltet. Sie hat auch eine psychologische Bedeutung. Das Mandala ist alles, es ist auch ein Reflex des Ichs. Die fünf durch das Mandala angezeigten Punkte entsprechen den fünf grundlegenden Elementen der menschlichen Psyche, die sich auf das Prinzip der Bewußtheit konzentriert, den Kern des Individuums, die Ursache des samsara und der Rückkehr.

Der Makrokosmos ist dem Mikrokosmos angepaßt, doch letzterer herrscht in der esoterischen Symbolik vor. Und zwar nicht als physische Stütze, sondern als psychischer Komplex, weil sich nichts anderes vollziehen soll als das Abrücken von der Psyche. Die philosophische Spekulation Indiens hat die

---

* Die unabänderliche Bedingung, aksharam padam (Guhyasamaja, S. 90).

gesamte wahrnehmbare Welt in Fünfergruppen eingeteilt. Sankhya hat darauf das Schema seiner Kategorien aufgebaut, das das Skelett der Dogmen fast aller Schulen bleibt: die fünf Elemente in Groß und Klein, die fünf Farben, die fünf Gegenstände der Sinne, die fünf Sinne.

Nun wird die fünffältige Aufteilung von der Außenwelt auf die innere Welt projiziert.

Nach dem Buddhismus des Adamantiner-Pfades strahlt das durch mahavairocana, vajradhara, vajrasattva oder akshobhya versinnbildlichte Urbewußtsein auf fünf Buddhas aus: vairocana auf den »Glänzenden«, akshobhya den »Unerschütterlichen«, ratnasambhava den »Präger des Geschmeides«, amitabha »das unendliche Licht«, amoghasiddhi die »unfehlbare Vollkommenheit«.

Auf gleiche Weise nimmt Paramasiva, der höchste Shiva, das reine Bewußtsein, fünf Gesichter verschiedener Farbe an. Von ihm gehen fünf Richtungen aus, die den fünf »Familien« der buddhistischen Schulen entsprechen: der weiße Sadoyojatra im Westen, die gelbe Vamadeva im Norden, der schwarze Aghora im Süden, der rote Tatpurusha im Osten. Sie sind um das zentrale grüne Gesicht von Isana gruppiert. Von diesen Gesichtern gehen initiatorische Offenbarungen aus, die – wie die »Familien« des Diamantpfades – die Geschöpfe in Gruppen einteilen. Jede dieser Gruppen hat ihre unabänderlichen Fähigkeiten und kann daher nur auf einem Wege bekehrt werden, der ihnen entspricht.

Was im Bereich der westlichen und südlichen Offenbarung liegt, sind die der »Herde« (pasu) eigentümlichen Werke. Damit sind solche gemeint, die von Kreaturen niederer intellektueller und moralischer Ordnung vollbracht werden. Der westlichen Offenbarung entsprechen nur herdenhafte und heroische (pasu und vira) Werke, wobei unter heroischen Werken die Praktiken des Yoga zu verstehen sind. Zur nördlichen Offenbarung zählen göttliche und heroische Taten. Die göttlichen sind diejenigen, die die Überwindung der Ebene ermöglichen. Der zentralen Offenbarung bleiben nur göttliche Werke vorbehalten. Hieraus ist ersichtlich, daß die Shiva-Schulen die Menschen in drei Kategorien einteilen. Zunächst kommen gewöhnliche Personen, solche, die ein Herdendasein führen. Für sie gelten genaue Gesetze und Verbote, da sie noch nicht das Bewußtsein haben, das sich von allein zu steuern vermag. Es handelt sich im wesentlichen um animalische Handlungen. Danach kommen die Helden, diejenigen, die versuchen, aus der Nacht herauszukommen. Doch ist es ein Anliegen, das sie viel Mühe kostet. Sie folgen dem eignen Gewissen; sie schaffen eigene Gesetze, die anders und der Herde entgegengesetzt sind. Das sind einsame Menschen, die gegen den Strom schwimmen, die mutig mit Gott Fühlung nehmen, indem sie sich der Monotonie des Lebens in der Gemeinschaft entziehen. Schließlich kommen die divya, die heiligen Seelen, diejenigen, die bereits nach vollkommener Verwirklichung der samsarischen Ebene diese letztere verlassen haben.

Im Buddhismus hat die Übereinstimmung von Makrokosmos und Mikrokosmos das fünffältige Schema beeinflußt. Die fünf Buddhas sind keine göttlichen Gestalten, die in fernen Himmeln wohnen. Sie steigen herab zu uns. Der Kosmos bin ich selbst. Die Buddhas sind in mir; ebenso wie in mir ein geheimnisvolles kosmisches Licht gegenwärtig ist, auch wenn durch Irrtum verdeckt. In mir sind die fünf Buddhas. Sie sind die fünf Bestandteile der menschlichen Persönlichkeit.

Es ist die Initiation selbst, die vorschreibt, das Fundament des vedischen Altars aus fünf Ziegelsteinschichten zu errichten, der dem Zelebranten dazu dient, die eigne Identität mit Prajapati selbst festzustellen. In gleicher Weise spiegelt die Anwesenheit von fünf Bündeln, die fünf Gottheiten vertreten, Sonne, Mond, Feuer, Regen und Wind, die Synthese zwischen Makrokosmos und Mikrokosmos wider.

Die angebliche Person, behauptete der Buddhismus von Anfang an, ist ein Aggregat von fünf Bestandteilen. Es gibt keine metaphysische Einheit, die, mit sich selber identisch, den Tod überlebt. Es gibt nur einen aus fünf Elementen geschaffenen Leib und eine Psyche, die in jedem von uns die individuellen und kollektiven Anlagen der Vergangenheit bewahrt und sie durch eigne Erfahrung bereichert. Ich bin rupa, Form und Materie, die sozusagen den physischen Halt meiner Individualität bilden. Ich bin vedana, Eindrücke, insofern ich die Wahrnehmungen sammle, die mir die Sinne von der Welt vermitteln. Ich bin samjna, Kenntnis und Deskriminierung der Dinge. Ich bin samskara, was Kraft bedeutet oder Koeffizient des Karma ist. In meinem vergangenen und künftigen Leben ist mein Ich nie allein gewesen, nur in Verbindung mit anderen. Das Karma vereinigt in sich, wie ich schon sagte, sowohl die Erfahrung des Einzelnen als auch die kollektive Erfahrung, die ich von Geburt an in mir trage und die das psychologische Terrain bildet, auf dem meine Persönlichkeit reift, doch das Karma ist zugleich der Antrieb meiner Zukunft. Ich bin vijnana, die besondere und individuelle Erkenntnis und demnach das Zentrum der moralischen Verantwortung, Fähigkeit, sich in der Tat zu verwirklichen, das samskara zu beherrschen, ihm Halt zu gebieten und es so zu verwandeln, daß es zu keiner expansiven Kraft einer neuen Existenz wird, sondern erlischt, um auf diese Weise die grundlegende Voraussetzung für den Sprung ins Nirvana zu schaffen.

Doch in unserer Persönlichkeit gibt es noch etwas anderes. Es gibt das emotionsbestimmte Leben, das fünf Leidenschaften oder grundlegende Verfinsterungen bedingt: moha, die geistige Finsternis; abhimana, den Hochmut; irshya, die Eifersucht; krodha, die Reizbarkeit; lobha, die Habsucht.

Sobald sich die Auflösung der ursprünglichen Identität vollzogen hat, kommt es zu einem Ausbruch des Gefühlslebens in allen seinen Formen und Abweichungen. Es zeigt eine Gleichheit der Werte, die das Schema der fünf Farben laut der folgenden Aufstellung beherrscht:

Buddha	Farbe	Bestandteile der Persönlichkeit	Leidenschaften
Vairocana	weiß	Materie	geistige Finsternis
Ratnasambhava	gelb	Eindruck	Hochmut
Amitabha	rot	Eingebung	Begierde
Amoghavajra	grün	karmische Koeffizienten	Eifersucht
Akshobhya	türkisblau	Erkenntnis	Zorn

Im Menschen wirken zugleich Licht und Finsternis, Bewußtsein und Leidenschaft, Gutes und Böses und sind unwiderruflich miteinander verbunden. Mit dem Leben nimmt er auf sich das Los des Kämpfers. Seine Aufgabe besteht darin, zwei Welten ins Gleichgewicht zu bringen, so wie sie die Symbolik des Mandala darstellt. Gott und Göttin vereint, auf dem gleichen Throne sitzend. Würde einer die Übermacht bekommen, ginge er der Symmetrie seiner Teile verlustig, wie das Mandala. Das psychische Leben des Menschen wäre getrübt, die Rettung, die Rückkehr versperrt. Deswegen wird im Buddhismus niemals von der Unterdrückung der Leidenschaften gesprochen. Es ist immer nur von ihrer Verwandlung die Rede. Auch sie sind eine Gegebenheit unserer Psyche. Der Versuch, sie zu unterdrücken, würde nur ihre um so gewaltsamere und hartnäckigere Auferstehung bewirken. Deswegen wird keine Unterdrückung, sondern die Verwandlung oder besser eine Übertragung gefordert, um das Bewußtsein durch die Lebenserfahrung anzureichern. Der anfängliche Kampf wird durch eine Harmonie gedämpft, die die Rückkehr zur ursprünglichen Einheit, zum ursprünglichen Gleichgewicht der beiden Elemente ermöglicht. Doch die Leidenschaften und Emotionen, die die Wogen des psychischen Lebens bilden und sich gegenseitig anstoßen und übereinander stürzen, sind das Ergebnis der Berührung des Ichs mit der Welt, die Reaktion unserer Person auf die Umwelt, die von allen Seiten auf uns einströmt, indem sie uns ihre Stimme und ihre Anrufe hören läßt. Das Individuum ist hineingerissen in die Teilnahme am Leben der Dinge und reagiert darauf in verschiedener Weise. Die Psyche wird bereichert, verwirrt, in Bewegung gesetzt durch einen ununterbrochenen Austausch mit der äußeren Welt. Die essentielle Zweiheit des Individuums, Gewissen und Sinn, Licht und Finsternis, wird dargestellt, indem jeder der fünf Buddhas von einer paredra oder mudra begleitet ist. Es sind locana, mamaki, pandaravasimi, tara und nochmals mamaki. Sie werden auch rupavajri, sabdavajri, gandhavajri und sparsavajri genannt. Wahrnehmung durch Bild, Klang, Geruchsinn, Geschmackssinn und Tastsinn, doch diese in ihrer adamantinischen, d. h. essentiellen Form.

Im Buddhismus, wie bei den meisten Shiva-Lehren, geht alles von einem einzigen Prinzip aus, von dem essentiellen Bewußtsein. In den Shakta-Schulen aber, die Maya den Vorrang einräumen, erscheint die Welt ausschließlich als ihr Werk, als wirksame Kraft Gottes, die in diesen Vorrang infolge göttlicher Vielfältigkeit erlangt. Nachdem sie alle Merkmale prakrti angenommen hat, dringt diese natura naturans des Sankhya-Systems in alles Seiende. Ihr zur Seite bleibt Gott, die absolute Seele, ein- und vielfältig zugleich, gefangen in der illusorischen Individualität, die sie schafft, inaktiv und färbt sich wie ein Kristall mit dem Widerschein, den die Leidenschaften auf ihn werfen. Aus diesem Grunde wird die Mutter (in tib.: yum) in der buddhistischen Ikonographie in Umarmung mit dem aktiven und tanzenden Gott dargestellt, während bei den Shakta-Schulen das Gegenteil der Fall ist: Unbeweglich ist der Gott und aktiv die Shakti. Gelegentlich liegt der Gott sogar auf dem Rücken und auf seinem Leib tanzt in wilder Raserei die Shakti in einem Rhythmus, in dem die Welten geboren werden und sterben.

Lassen wir diesen Unterschied unberücksichtigt, so finden wir stets die gleiche einheitliche Konzeption, die vom Buddhismus des Adamantiner Pfades bis zu den Tantra-Schulen des Hinduismus reicht. In unserem Ich wiederholt sich das Drama des Universums.

Das Mandala, das die Ausstrahlung des Bewußtseins in fünffacher Reihenfolge darstellt und sich in den symbolischen Figuren der buddhistischen Sekten ausdrückt, fand nicht die gleiche Entfaltungsmöglichkeit in der religiösen Kunst der anderen Schulen Indiens. Und dennoch entfernt sich deren Dogmatik nicht von dieser Voraussetzung. Der Vergleich mit den Lehren der Shiva-Schulen zeigt zwar Unterschiede in den Einzelheiten, läßt aber die wesentliche Identität der idealen Vorbedingungen als gegeben erscheinen. Auch für Saivasiddhanta gilt ein höchster Grundsatz, wenngleich diese Unterscheidung willkürlich ist, weil es in Einem keine Verschiedenheit geben kann. Dieser höchste Grundsatz ist paramasiva, wie der buddhistische vajradhara, ein außergewöhnlicher Punkt, der Zenit, in dem sich alles vollzieht und der alles bedingt, von dem wir zum besseren Verständnis sagen, daß von ihm aus fünf Arten des Seins, genannt tattva, Kategorien, ausgehen:

1. das sivatattva ist das reine Bewußtsein, das absolute Ich;

2. das saktitattva ist eng mit dem ersteren verbunden wie die Strahlen, die das aufgehende Licht begleiten. Es ist das Sein, das unzertrennlich dem Ich folgt, absolute Wirklichkeit, die dem Erfassen des Satzes »Ich bin« vorangeht;

3. sadasivatattva ist das Bewußtsein dieses Seins, ohne daß es dadurch zu irgendeiner Spaltung zwischen Subjekt und Objekt kommt: »Ich bin« und: »Ich bin Es«, das Ich von jedem Archetypus des Universums;

4. isvaratattva: Es wird bestimmt, indem der erkenntnismäßige Aspekt betont wird. Also nicht mehr: »Ich bin Es«, sondern jetzt gilt: »Das bin ich«. Der Akzent fällt auf den Archetypus;

5. sadvidya kommt immer durch die Formel: »Ich bin Das« zum Ausdruck. Das Ich und das Es sind in vollkommenem Gleichgewicht und, wenngleich identisch im Wesen, nehmen sie die Unterschiedlichkeit vorweg. Es ist das, was die Inder mit dem Wort bhedabheda bezeichnen: die Mannigfaltigkeit in der Einheit. Es ist eine fünffache Spaltung, die durch die Ebene des Absoluten bedingt wird und die sich demnach ohne zeitlichen Ablauf vollzieht. Vielmehr vollzieht sie sich in ewiger Gleichzeitigkeit, so daß wir diesen Moment nur metaphorisch vom Absoluten Sein trennen und isoliert von ihm bestimmen können. Im paramasiva ist und wird alles zugleich.

Diese fünffache Serie findet sich als Modell auch im Mandala der Buddhisten, das mit seinen Zeichnungen die fünffache Erkenntnis zum Ausdruck bringt und deren Symbolik die fünf tathagata sind:

Aksohobhya, dharmadhatujnana: Übereinstimmung der Erkenntnis mit dem absoluten Sein, essentielles Bewußtsein;

Vairocana, adarsajnana: Erkenntnis, bei der die Dinge wie die Widerspiegelungen von Archetypen erscheinen;

Ratnasambhava, samatajnana: Erkenntnis der grundlegenden Identität der Dinge, insofern sie alle flüchtige Bilder jenes Urgrundes sind;

Amitabha, pratyavekshajn-ana: Erkenntnis, wonach das eine Sein als das eine oder das andere erscheint;

Amoghavajra, kriyanusthanajnana: Erkenntnis, Kraft durch die die Macht zur Tat wird und sich entfaltet.

Man kann in der Analyse noch weiter vordringen: Gott ist nicht von seiner inneren Macht, der shakti, zu abstrahieren, die unendliche Formen und Arten annimmt. Indes ist es immer die gleiche unerschöpfliche Kraft, die alles bewegt und durch die Gott schafft, handelt und herrscht. Diese göttliche Tätigkeit drückt sich in fünferlei Weise aus: ci-sakti, Bewußtsein; anandasakti, Seligkeit; iccha-sakti, Wille; jnana-sakti, Intelligenz; kriya-sakti, Handlung.

Jeder dieser Aspekte ist seinerseits mit den fünf Arten von Shiva verbunden, die ich bereits erwähnte. Ohne zu vergessen, daß die Qualität die fatale Folge der Begrenzung unserer Ausdrucksmittel ist, sind diese Aspekte als unterschiedliche und unauflösliche Momente der ursprünglichen Identität aufzuzählen, wie die folgende Aufstellung zeigt:

Siva-tattva	cit-sakti	Bewußtsein
Sakti-tattva	ananda-sakti	Seligkeit
Sadhakhya-tattva	iccha-sakti	Wille
Isvara-tattva	jnana-sakti	Intelligenz
Sadvidya	kriya-sakti	Handlung

Übertragen wir dieses ontologische Gefüge, sei es in den Symbolismus des Mandala, das mit Hilfe sichtbarer Schemata die Art des göttlichen Wesens ausdrückt, sei es in mich selbst, der ich außer meiner vergänglichen und illusorischen Individualität im wesentlichen die gleiche Essenz bin, so werden wir vor uns ein Mandala haben, das im Buddhismus üblich ist: Fünf Götter alle auf gleicher Ebene, umarmt von der eigenen Shakti, während bei einigen buddhistischen Schulen über ihnen der allgegenwärtige und alles durchdringende Zenit, Vajradhara, steht, in dem sie ewig gegenwärtig sind. Der einzige Unterschied besteht darin, daß bei einigen Shiva-Schulen Shakti den Vorrang hat, während im Buddhismus das männliche Element überragt. Doch über diese Akzentverschiebung hinaus findet sich in beiden Fällen das gleiche metaphysische Gebäude und das gleich fünffältige Schema, um es darzustellen.

Das Eine, das ursprüngliche Bewußtsein, erweitert und verwirklicht sich, indem es das eigne Licht in der Undurchsichtigkeit der Psyche auflöst und dort als unsichere Lichtbrechung erscheint, als sei es ein anderes Selbst. Doch bei dieser Auflösung erlischt keinesfalls das ganze Bewußtsein. Es ist nur sehr begrenzt, wie gefangengehalten in der Finsternis, angezogen und abgestoßen vom Objekt, umgeben von der Dualität, doch nicht erloschen.

Von den fünf Buddhas gehen Gruppen von Bodhisattva aus, von Geschöpfen, die wesenhaft aus bodhi entstanden sind, von jener ursprünglichen Lichtheit, auf die sie nach der Welterfahrung hinstreben. Es handelt sich um leuchtende Konstellationen, um den eigenen Buddha gruppiert, barmherzig hilfreiche Begleiter des Menschen, stets bereit, seinem Ruf zu folgen. Nach der hagiographischen Tradition hatten sie seit undenklichen Zeiten das Gelübde der Erleuchtung abgelegt mit dem Anliegen, den Kreaturen in ihrem Kampf gegen den Schmerz beizustehen und mit der Illusion, sie könnten dem samsarischen Himmel entrinnen. So drückt sich der wirksame Wert des noch nicht vollständig verdunkelten und durch die Auflösung zerstörten Bewußtseins aus. Der logos spermatikos, das heißt: bodhi ist die notwendige Vorbedingung dieser unseren Reintegration, weil, wenn es diese nicht gäbe, wir keine Möglichkeit hätten, dem Chaos zu entkommen, in das wir gestürzt sind.

Die menschliche Person stellt eine Koexistenz von zwei gegenseitigen Tendenzen dar; eine ist zentrifugal, die andere zentripetal. Während die eine uns aus uns selbst hinausführt, veranlaßt uns die andere zur Rückkehr zum Punkt der Mitte, zur unvergänglichen Existenzbedingung (aksharam padam).

Wir folgen somit der Entwicklung der Psyche und des Kosmos vom ursprünglichen Zentrum aus, und zwar in seiner unendlichen Expansion und Ausstrahlung. Wir beginnen die Deutung beim Punkt, der unsichtbar überragt und die fünffältige Entfaltung des Mandala bestimmt. Dann sehen wir die fünffache Fläche sich durch eine neue Spaltung aufteilen infolge des Einwirkens von fünf entsprechenden Kräften. Und nun wird uns die fünffache Ebene des Bodhisattva gegenwärtig, deren Anwesenheit für die Möglichkeit unserer Erlösung unerläßlich ist. Doch der Prozeß geht weiter.

Wir sind jetzt an der Peripherie angelangt, wo sich in den vier Kardinalpunkten vier Pforten öffnen. Diese Pforten sind gegen alles gerichtet, was außerhalb unseres Bewußtseins liegt, gegen das unkontrollierte Unbewußte, durch keine Figuration erfaßbar und darstellbar, immer im Aufruhr eines finsteren, undeutlichen Kampfes. Gewöhnlich werden diese Pforten durch Wächter von düsterem Aussehen bewacht.

Diese finsteren Figuren werden als »Bewacher der Pforten« bezeichnet. Sie stehen bewaffnet und angsteinflößend, schreckerregend, Wache, allein oder von Gefährtinnen begleitet, rasend in Tänzen von Blut und Tod.

Wer sind diese Dämonen, die sich an den Grenzen des Mandala bewegen und niemals auch am Eingang der als Mandala erbauten Tempel fehlen? Nach der üblichen Terminologie werden sie Vighnântaka genannt, d. h. diejenigen, die den vighna ein Ende bereiten. Vighna sind »Hemmungen«, unter denen die Tantra-Lehre Kräfte versteht, die die geheiligte Reinheit des Ortes bedrohen, an dem sich der Ritus vollzieht. Zugleich auch Kräfte, die dumpf in uns selber verborgen, unseren Weg zum Licht behindern. Es sind Dämonen, doch ihre ikonographische Darstellung ist nicht so genau und ins Einzelne gehend wie die der schrecklichen Gottheiten. Nur einige werden nach einem genauen ikonographischen Schema dargestellt. Sie werden ganz allgemein als vighna bezeichnet, eine konfuse und undeutliche Menge, die sich ruhelos in der Tiefe des Unbewußten regt, bereit, bei der ersten Unachtsamkeit hervorzubrechen, sich der Psyche zu bemächtigen und sie durch ihre Unruhe durcheinanderzubringen. Sie sind ebenso düster und schwer erkennbar wie die Finsternis, in der sie untergetaucht sind. Ihr höchster Herrscher ist Yama, der Gott des Todes, der auf einem Büffel reitet. Er ist mit einer Keule bewaffnet, die aus einer riesenhaften Wirbelsäule besteht und deren Kopf ein Schädel bildet. Er hat einen Büffelkopf, gehörnt, mit flammenden Augen und einem von Blut triefenden Mund.

Als Tod ist Yama samsara, der ewige Zyklus von Geburt und Tod, die Lebensebene, die den Schmerz kennt. Doch nach antikem Vergleich ist er auch kama, die Liebe, weil Liebe und Tod vereint sind, indem die eine den anderen nährt. Wie kann das Bewußtsein gegen diese Kräfte kämpfen? Indem es eine entsprechende Form annimmt. Der erste Kampf zwischen Licht und Finsternis – sagt der Yoga und wiederholt der Buddhismus – vollzieht sich nicht in vollem Bewußtsein. Das Bewußtsein hätte keine Macht über die fließende und geheimnisvolle Welt des Unbewußten. Es gibt zwischen den beiden keine Begegnungsmöglichkeit. Sie berühren sich, lagern sich übereinander. Das Unbewußte kann auf das Bewußtsein übergreifen und es ersticken, auslöschen, doch das Bewußtsein hat nicht die Macht, das Unbewußte sofort zu beseitigen, zu zerstreuen und plötzlich an seine Stelle zu treten. Es handelt sich um einen langen und schweren Kampf, der keine Atempause kennt. Das Bewußtsein muß ihn in den Bereich des eignen Feindes tragen. Das ist nur in einer Weise möglich, nämlich indem es sich in Harnisch wirft und schreckerregend wird gleich den Mächten, die es zu bekämpfen gilt.

So geschieht es, daß jede Gottheit höherer Ebene aus sich selber heraus ein krodha, d. h. eine zornige, furchterregende

Ausstrahlung projiziert (rudra). Sie wird durch jene ungeheuerlichen Gestalten versinnbildlicht und stellt den gewaltsamen Einbruch der bewußten Kräfte in die Finsternis des Unbewußten dar, um den Rivalen an der Wurzel zu packen, ihn aufzulösen und, nachdem er besiegt und gehorsam geworden ist, ihn dem Reich des Lichts zuzuführen.

Das ist der Sinn der furchterregenden Gottheiten, die am Mandala Wache stehen, um den konfusen Wirrwarr der geheimnisvollen Welt zurückzudrängen, aus der die Tücken des Unvorausgesehenen kommen, und sie am Ende zu beherrschen.

Darum haben diese Wächter sozusagen nicht nur einen Verteidigungswert, sondern sind auch für einen Angriffszweck bestimmt. Sie stehen an der Grenze des Bewußtseins, um in das andere Reich vorzudringen und sich dort festzusetzen. Das geschieht, wie ich schon sagte, indem sie eine Form annehmen, die den Kräften entspricht, über die sie siegen sollen.

Es ist nicht gesagt, daß auf dem Mandala immer Bilder von Gottheiten dargestellt werden. Bei vielen sieht man keine Göttergestalten, sondern nur Symbole und Buchstaben. Der Sinn bleibt der gleiche, weil – wie Yamada, zitiert nach Saktânandatarangini (S. 55), sagt – der Aspekt der Gottheiten zweifach ist, fein und grob. Der letztere wird im Bild festgehalten.

Die Silbe, der Lautwert ist, um nochmals daran zu erinnern, die geheime Essenz oder der »Same« der Gottheit. Die Silbe ist so stark an diese gebunden, daß es genügt, sich auf sie zu konzentrieren, um das Bild heraufzubeschwören. Keine Beschwörung gelingt, wenn über diese mystische Silbe nicht lange genug meditiert und sie erschaubar gemacht wurde. Das geschieht, weil in der Erkenntnis-Symbolik Indiens – und nicht nur Indiens – die kosmische Evolution und ihre Einverleibung in ursprünglicher Form in einem genauen und feinen alphabetischen Schema dargestellt wird*, das in seinen Kombinationen die Anordnung des universalen Werdens wiedergibt und sozusagen deren verschiedene Momente fixiert.

Dies erklärt, warum das Mantra eine so große Rolle in der indischen Liturgie spielt. Jene »Samen«, die scheinbar keinen

---

* vgl. hierzu den obenerwähnten Kommentar von Bhaskara Raya zu Vamakesvaratantra, vor allem das Varivasya-rahasya des gleichen Verfassers (Adyar Library Series, Nr. 28), dann das Tantrasara von Abhinavagupta. Vgl. auch J. Woodroffe (A. Avalon) »Die Girlande der Buchstaben« O. W. Barth Verlag, Weilheim/Obb., 1968.

Sinn haben, schließen im Symbol des Lauts die Beziehung zwischen den verschiedenen Ebenen ein und spiegeln das Spiel der kosmischen Kräfte wider. Wer ihre Verwicklungen kennt, erlangt eine hohe Macht. Doch es nutzt nichts, die Laute mechanisch zu wiederholen, ohne Verständnis für ihre geheimnisvolle Macht. Natürlich ist der Laut nicht erfaßbar ohne seine Stütze, das prana, die kosmische Energie, jenen Atem des Universums, der von verschiedenen Formen und Auswirkungen ist und in dem sich das verborgene Leben Gottes und der Dinge offenbart. Kraft des prana fügt sich jeder Laut in den Machtkomplex (sakti; im Buddhismus: dakini) ein. Dadurch verbreitet sich das Eine in der Welt, reproduziert nach einem wesentlichen Modell von ewigen und unendlichen Kombinationen. Um das Gesagte verständlich zu machen, ist es zweckmäßig zu zeigen, wie eines der vielen esoterischen Systeme z. B. der Shivaismus von Kaschmir, durch Vokale die verschiedenen Momente der kosmischen Expansionen versinnbildlicht.

Das reflektierte Bewußtsein(durch das sich das Bewußtsein von sich selber und den Dingen Rechenschaft ablegt) ist keine Hypothese. Es ist Prägeform des höchsten Lauts, der identisch mit der Essenz des Bewußtseins selbst ist. Es legt sich über ein ganzes Bündel von göttlichen Mächten Rechenschaft ab, die das Universum in seiner gesamten Ausweitung bedingen. Die Macht Gottes ist im wesentlichen dreifach: die höchste Macht (anuttara), der Wille (iccha) und die Expansion (unmesha). Dieses Selbst-Bewußtsein wird durch die drei Vokale a i u versinnbildlicht. Von dieser Dreiheit geht jede Ausdehnung aller Mächte aus. Die Seligkeit (ananda) ist der Ruhepunkt des höchsten Zustandes; die Schaffensfähigkeit (isana) ist der Ruhepunkt des Willens und die Welle (urmi) der Ruhepunkt der Expansion. Die Welle ist der Ursprung der Mächtigkeit aller Tat.

In dieser Aufzählung sind die drei Aspekte des Selbst-Bewußtseins, die durch die Lichtseite bedingt sind, von Sonnennatur. Die anderen drei Aspekte sind von Mondnatur, da in ihnen die durch die Ruhe bedingte Heiterkeit vorherrscht. Bis hierher ist noch kein Tun vorhanden. Sobald aber zum Willen und zur Schaffenskraft die Tat hinzukommt, ist die Rede von dem was gewollt wird oder erreicht werden kann. In diesem Augenblick entstehen Unterscheidungen. Die Halbvokale ra, die der Lichtheit entstammen, die Halbvokale, la, die von der Ruhe ausgehen, weisen – die eine eine Lichtnatur, die andere die Natur der Überraschung auf. Das Gewollte erscheint nicht als ein äußerlich greifbares Objekt. Denn, wenn es eine objektivierte Gestalt hätte, wäre es Schöpfung und nicht Wille und Macht. Aufgrund dieses für sie nicht greifbaren Seins gelten ra und la als Halbvokale. Sie sind nicht ebenso genau wie die Konsonanten. Diese vier Buchstaben sind außerdem neutral, weil sie das Bild beider enthalten, der Vokale und der Konsonanten. Sie sind ein langes r und ein langes l.

»Durch Einwirkung der höchsten Macht (anuttara) und der Seligkeit (ananda) auf den Willen usw. entstehen die Symbole der Vokale e und u. Dann – durch einen weiteren Zusammenstoß mit der höchsten Macht – entstehen ai und au. Das ist die Macht der Tat, versinnbildlicht durch e, ai, o, au. Wenn die Macht der Tat ihre Aufgabe erfüllt hat, bleibt das Geschaffene, bis alles was geschaffen wurde, sich der höchsten Macht einfügt (anuttara), in der Form eines Punktes (bindu), versinnbildlicht durch am und ist im wesentlichen Selbst-Bewußtsein. Doch im Punkt entsteht die Ausstrahlung der höchsten Macht (anuttara), versinnbildlicht durch ah. Deswegen sagt man, daß diese 16 Vokale den »Samen« des reflektierten Bewußtseins darstellen, während die Prägeform durch die Konsonanten zum Ausdruck kommt.

Der höchsten Potenz entstammt die Serie der Kehllaute, dem Willen entstammt die Serie der Gaumenlaute, ebenfalls dem Willen entstammt die Serie der Zungen- und Zahnlaute, der Expansion die Serie der Lippenlaute. Es sind demnach insgesamt fünf Serien, entsprechend der fünf Arten der Macht. Aus dem gleichen dreifachen Willen entstehen sa sha sa, aus der Auswirkung (visarga) der Buchstabe ha, in Konjunktion mit der Prägeform entsteht ksha. Das ist die Erscheinungsform des Gottes, genannt höchste Potenz (anuttara), der als Herr der Familie der Mächte dargestellt wird. Eine der Mächte, die dieser Familie angehören, die Macht der Auswirkung, ist jene, durch die sich – von der Seligkeit bis zur objektiven Schöpfung – die einzelnen Bewußtseinszustände verwirklichen. Dies wird versinnbildlicht durch die Reihenfolge der Konsonanten, die das kosmische Bewußtsein im objektivierten Aspekt der Kategorien (tattva) bedingt, und zwar bei ihrem ersten Erbeben. Die Auswirkung erfolgt in dreierlei

Weise: atomisch (anava), das dem Ruhepunkt des Denkens entspricht, wirksam (sakti) das den Charakter eines Erwachens des koexistentiellen Denkens hat, und als sambhava, das in der Einverleibung (pralaya) des Gedankens besteht. Daher ist die Auswirkung die göttliche Kraft, die fähig ist, alles zu schaffen. Solange diese Bewußtheit unentschieden bleibt, ist Gott unteilbar. Sobald sie einen zweifachen Aspekt annimmt als Same und Prägeform, erscheinen im reflektierten Bewußtsein selbst zwei Aspekte, derjenige des Machthabers und derjenige der Macht (sakti)« (Tantrasara von Abhinavagupta. Bombay 1918, S. 12–17).

Aus den besagten Gründen ist das tatsächliche Vorhandensein von Bildern auf der Oberfläche des Mandala nicht erforderlich. Statt ihrer Darstellung genügt das Silbensymbol, die geheimnisvolle Prägeform ihrer Gestalt. Es ist daran zu erinnern, daß diese »mantras« realer sind als das Bild, weil das Bild nur ein unserer kosmischen Begrenzung angepaßter Schein ist. Es ist eine Figur, durch die das Formlose, einem Kunstgriff zufolge für uns greifbar wird, ein Gewand, das wir uns selber vorstellen, unter dem sich eine unsichtbare Essenz verbirgt. Diese wird wahrnehmbar in der Besinnung der Meditation dessen, der ihrer teilhaft wird. Mit anderen Worten: Es gibt eine Beziehung zwischen dem, was sich offenbart, und dem, der der Offenbarung teilhaft wird. Kraft solcher Gegenseitigkeit schmiedet der Letztere den Aspekt des sich Offenbarenden in einer solchen Weise, daß er sie der eignen Konzeption und karmischen Reife anpaßt. Aus diesem Grunde erscheint der Meditierende als »Mensch unter Menschen, Gott unter Göttern, Brahma unter den Brahma« (Siddhi, S. 764–765).

Selbst der Sakyamuni, der als Mensch unter Menschen geboren wird, kann verschiedenen Geschöpfen in verschiedener Form erscheinen (sKyabs agro bdun pa, S. 91). Das ist die Natur des imaginären Körpers (nirmanakaya) des Buddha. Daneben gibt es den Leib der Teilhaberschaft (sambhogakaya), den nur die Bodhisattva der zehnten Erde wahrnehmen, die auf diese Ebene durch eigne Meditation gelangen. Sie gehören dem Chor der Seligen an, deren geistige Reife sie erlangt haben und sie werden in jenen außerräumlichen Sphären der Offenbarung des Gesetzes beiwohnen, das ihrer Erhebung gemäß ist. Das ist das Ergebnis des zweiten Abrückens von den Ebenen (asrayaparàvrtti), durch das jede irdische Form überwunden wird und der Gewandelte einen transzendentalen Aspekt annimmt. Der erste und zweite Aspekt ist noch den verschiedenen Reinheitsgraden der Geschöpfe angepaßt und steht mit diesen in Beziehung, doch dharnakaya, die Ebene der Potenzialität des unendlichen Bewußtseins als unbewegliche und leuchtende Prägeform übersteigt beide.

Das ist keine Erfindung des Buddhismus. Ganz Indien hat stets geglaubt, daß man Gott stufenweise näherkommt. Das Absolute übertrifft in seiner Essenz jeden menschlichen Gedanken. Doch seine Sichtbarwerdung paßt sich den Kreaturen an. Das geschieht in Formen, die imstande sind, Menschen verschiedener Art, von dem gröbsten bis zum edelsten und feinsten, zu bekehren. Von der Anbetung (upasana) der Götzen bis zur Konzentration, durch die der Geist in einem Meer von Licht ertrinkt, ist ein langer Weg, dessen Stufen sich den verschiedenen Fähigkeiten der Gläubigen anpassen.

»Der aus dem Gedanken hervorgegangene Brahma, das integrale, körperlose Individuum wird zum Vorteil der Anbetenden als körperlich vorgestellt (Saktanandatar, S. 52)« und weiter: »Die Menschen sehen, jede nach ihren Anlagen und dank der Konzentration (dhyana), das All als greifbar an, jeder auf seine Weise« (Ebenda, S. 62).

Oder, wie Agnipurana sagt: Die Gottheit, die keine Form hat, nimmt verschiedene Gestalten an, um den Gläubigen zu helfen. Die Enthüllung des Nicht-Enthüllten hat nur einen grundsätzlichen Wert: daß sie das Bewußtsein vom Schleier der Maya befreit.

In diesem Prinzip ist eingeschlossen, daß die Götter als Bilder unserer Bewußtheit verschwinden und sich auflösen müssen, sobald in uns die Lichtheit des reinen und formlosen Bewußtseins erstrahlt. Deswegen wird in der Erkenntnis-Liturgie Indiens der Spiegel verwendet. Er soll den Jünger daran erinnern, daß die Bilder, vor denen der Ritus stattfindet, ein im Feuer der Erkenntnis verglommener Widerschein sind. Sie haben keine eigene Natur, sind nur Schöpfungen unseres karmischen Zustandes. Wenn der Bewußtheit des Toten (im Zwischenstadium zwischen Tod und Wiedergeburt) heitere oder finstere Bilder der Götter erscheinen, erinnert ihn der Meister daran, daß »alle diese leuchtenden Spuren aufkommen, um sich mit seinem Herzen zu vereinen. Oh, Sproß eines edlen Geschlechts, sie sind Erfindungen deines Denkens. Sie kommen aus keinem anderen Ort als aus deinen Gedanken. Binde dich nicht an sie. Bleibe ohne Furcht im Zustande geistiger Untätigkeit. Dann werden diese Bilder und diese Lichter sich vor dir auflösen und du wirst zum vollkommenen Buddha«.

In diesem Augenblick mußt du dich der Lehren entsinnen, die dir zu Lebzeiten die Meister erteilten. Du wirst dich ihres Sinns erinnern und an diese Bilder glauben, die vor dir erschienen sind. Dies gleicht der Begegnung der Mutter mit dem Sohn oder dem Wiedererkennen von Personen, denen du einmal begegnet bist. Es kann auch der Erinnerung an eine gute Entscheidung gleichen. Sobald du jene Buddhas als deine eigenen erkannt hast, wirst du an sie glauben, weil sie der unabänderliche Weg der reinen Ebene, des essentiellen Bewußtseins sind. So wird in dir ein dauerhafter Zustand der Ekstase erwachen und der Intellekt wird sich in ihm auflösen. Du wirst zum vollkommenen Buddha auf der unfaßbaren Ebene, von der es keine Rückkehr mehr gibt.

»Oh, Sohn! die schrecklichen und angsteinflößenden Erscheinungen, die du siehst, sind nur Bilder deines Denkens. So erkennst du das Licht als Glanz deiner eigenen Gedanken. Mit dieser Erkenntnis identifizierst du dich mit Buddha. Es gibt darüber keinen Zweifel: In einem einzigen Augenblick kannst du zum vollkommenen Buddha werden. Entsinne dich, oh, Sohn eines edlen Geschlechts: Wenn du nicht zu dieser Erkenntnis gelangst, wirst du dich fürchten. So werden sich die friedvollen Gottheiten in die Gestalt des Todesgottes, die Bilder deines Denkens in Dämonen verwandeln, und du bist im Himmel der Seelenwanderung. Oh, Sohn des edlen Geschlechts! Erkennst du nicht, daß es Bilder deines eignen Denkens sind, wirst du dich, auch wenn du Schriftgelehrter warst und die Gebote des Gesetzes eingehalten hast, doch nicht eine kosmische Ära lang mit dem Buddha identifizieren können. Wenn du aber erkennst, daß es Bilder deines Denkens sind, wirst du dich in einem einzigen Augenblick Buddha einverleiben. Erkennt ein Sterbender nicht, daß es Bilder seines Denkens sind, erscheinen sie ihm im Zustande der Zwischenexistenz, in dem sich die Ebene der Ideen offenbart, als Bilder des Todesgottes. Die Gestalt des Todesgottes ist ebenso groß wie das Himmelsgewölbe. In seiner mittleren Ausdehnung wie Sumeru*, in sei-

---

* Der Berg in der Mitte der Welt, die *axis mundi*

nem kleinsten Umfang achtzehn Mal so groß wie dein Körper und er bedeckt das Universum. Mit den oberen Zähnen beißt er in die Lippen. Seine Augen glänzen wie Kristall. Das Haar ist zusammengeflochten auf der Höhe des Hauptes. Riesenhaft ist der Bauch, doch dünn die Taille. Er hält in der Hand eine Keule. Er schreit mit lauter Stimme: »Schlage zu, töte« und saugt das Gehirn aus. Er reißt die Köpfe von den Leibern, reißt das Herz heraus. In dieser Weise wird er kommen und seine Gestalt wird das Universum bedecken. Oh, Sproß eines edlen Geschlechts, wenn du diese Erscheinung siehst, sollst du nicht erschrecken. Da dein Körper nicht mehr stofflich, sondern nur geistig ist und aus den Neigungen deines Karmas besteht, kannst du, wenn du getötet und in Stücke gerissen wirst, nicht mehr sterben. Du sollst keine Angst haben, weil deine Gestalt leer ist und die Erscheinungen des Todesgottes in der Lichtheit deines Denkens aufkommen. Sie sind jedoch jeder Realität bar. Die Leere kann nicht die Leere angreifen. Diese Leeren sind nichts anderes als Ausgeburten deines Denkens. Und außerhalb deines Denkens gibt es nichts, weder friedfertige noch angsteinflößende Gottheiten mit verunstalteten Köpfen, weder Gottheiten, die Blut trinken, noch den Regenbogen, in dem du dich aufzulösen glaubst, und es gibt die schreckliche Gestalt des Todesgottes nicht, und keinen Terror. Darüber besteht kein Zweifel«.

Die Gottheiten, die wir im Mandala in friedlicher oder schrecklicher Gestalt entdecken, allein oder vereint, oft in Varianten, wobei sie den gleichen Namen tragen und sich verwandeln können – verschieden in der Farbe, dargestellt einmal mit einem Gesicht, ein andermal mit mehreren Gesichtern und oft mit mehreren Händen – gibt es für die objektive Erkenntnis nicht. Sie werden durch unser Denken projiziert. Doch was bedeuten sie? Und warum erscheinen sie in so verschiedenen Formen?

Sie stellen, wie wir gesehen haben, Symbole dar, mit deren Hilfe das Bewußtsein den ruhelosen Wirrwarr der Kräfte fixiert, die sich in der Psyche begegnen und widersprechen. Nur durch diese Hilfe kann sich das Bewußtsein ihrer bemächtigen, von ihnen Kenntnis nehmen und sie in einem endgültigen Prozeß der Auflösung beseitigen, ohne den es keine Erlösung gibt. Das bedeutet, daß diese Bilder nicht als objektive Realität geschaut werden dürfen. Sie haben als provisorische Gestaltungen zu gelten, die aus einem gegenseitigen Austausch zwischen dem absoluten und dem individuellen Bewußtsein entstanden sind und sich Letzterem angepaßt haben. Hat man sie einmal erkannt als das, was sie sind, als Widerschein des Seins, lösen sie sich nach und nach in der ursprünglichen, unbeweglichen Lichtheit auf. Sie zeigen die verchiedenen Stufen der Rückkehr an. Um in diesen Prozeß der Palingenesie wirksam eingeschaltet zu werden, gilt es sie zu deuten. Die verschiedene Farbe der Gesichter, die Zahl der Hände, die Werkzeuge, die sie halten, sind Umsetzungen der Wahrheit in sichtbare Zeichen, die der Schüler während des geistigen Dramas durchleben soll, das sich in seinem Innern vollzieht und ihn erneuert.

Jene Wahrheiten sind, aufgrund des aufgezeigten Mechanismus, keine fernen und kalten Gewißheiten, theologische Theorien, die das Leben nicht berühren. Sie verwandeln sich vielmehr in psychische Kräfte, die aus dem Innern heraus wirken und die ganze Person des Schülers durcheinanderbringen. Nehmen wir zwei Bilder, das von Heruka und das von Vajrabhairava, zwei der populärsten Gottheiten der buddhistischen Esoterik. Vergegenwärtigen wir uns, wie die Initiationsschulen sie deuten.

Sri-Cakra-Samvara (Heruka) wird wie folgt beschrieben*:

»In der Mitte der Lotusblüte erscheint mit seinem türkisblauen Leib der Selige Sri-Heruka. Er hat vier Gesichter. Das erste, in der Mitte, ist schwarz; das auf der linken Seite grün; das hintere Antlitz ist rot, das rechte gelb. Jedes Gesicht hat drei Augen. Heruka hat zwölf Hände und trägt um die Stirn eine Girlande aus vajra mit fünf Spitzen. Mit dem ausgestreckten rechten Bein zerdrückt er den Kopf von Kalabhairava, der vier Arme hat. Zwei sind gefaltet im Zeichen der Anbetung. Im zweiten Arm von rechts hält er die magische Trommel (damaru), im zweiten von links ein Schwert. Das linke Bein ist geknickt und drückt auf die Brust der roten Kali, auch sie mit vier Armen. Zwei davon sind gefaltet im Zeichen der Anbetung. Von den anderen beiden hält das rechte einen Schädel (kapala), das linke das khatvanga**.

---

* Beschreibungen und Symbolik aus verschiedenen Quellen.
** Ein Instrument im Gebrauch bei Asketen, eine Art Keule, geschmückt mit einem frisch abgehackten Kopf, einem anderen im Verwesungszustand und einem Schädel.

Mit zwei Hauptarmen umarmt Heruka Vajravarahi, während er im rechten ein vajra mit fünf Spitzen und im linken eine Glocke hält, um zu versinnbildlichen, daß er die Vereinigung von Mitleid und Erleuchtung darstellt. Die Hände der beiden sich darüber befindlichen Arme zeigen eine Gebärde der Drohung. In ihnen hält er ein bluttriefendes Elefantenfell und breitet es auf der Höhe der Augen aus. Die linke Hand hält den linken Fuß des Elefantenfells fest. In den anderen rechten Händen hält er bzw. hebt er die magische Trommel hoch, eine Axt, ein Messer und einen Dreizack. In den linken Händen hält er das khatvanga mit einem vajra (Symbol der Erleuchtung), einen Schädel voll Blut (Sinnbild der höchsten Seligkeit), den adamantinischen Strick (vajrapasa) und den Kopf von Brahma mit vier Gesichtern. Er trägt einen asketischen Haarknoten mit einem doppelten vajra in Form eines Kreuzes (visvavajra). Jeder Kopf erscheint geschmückt mit einer Girlande aus schwarzem vajra, an der je fünf Schädel angebracht sind, oben und unten. In der Hand hält er einen etwas geneigten Halbmond. Die Gesichter sind von schrecklichem Aussehen. Vier Zähne ragen hervor, wodurch der Eindruck entsteht, daß sie grinsen.

Neun Verhaltensweisen sind ihm eigen: drei leibliche: kühn, heroisch, roh; drei im Wort: wild, schrecklich, angsteinflößend. Drei sind geistige Verhaltensweisen: mitleidsvoll, würdevoll, heiter. – Er trägt als Gürtel ein Band aus Tigerfell. Am Hals hängt eine Girlande aus fünfzig Köpfen, die eben erst abgehackt wurden und durch menschliche Eingeweide zusammengehalten werden. Ihn zeichnen sieben Siegel (mudra) aus. Seinen Leib bedeckt die Asche verbrannter Leichname. Die Einheit von »Vater« und »Mutter«* bedeutet die Vereinigung der Wirkkräfte der Erlösung, d. h. einerseits des »Mittels«, des Mitleids und des aktiven Elements; andererseits der höheren Erkenntnis. Bei der Vereinigung mit der »Mutter«, dem Mond, löst sich der Gedanke der Erleuchtung, die örtlich an den Kopf gebunden ist, auf und durchdringt den ganzen Körper. Daraus entsteht »die große Freude am Mittel«, das die Meditation über die vier Grundsätze der Befreiung versinnbildlicht, die zum Gegenstand die Nicht-Substanz des Ganzen hat. Diese

---

* Diese Bilder sind immer zusammengekoppelt. Auf tibetanisch heißen sie yah yum = Vater, Mutter.

entspricht der mystischen Weisheit. Die Freude ist durch khatvanga symbolisiert. Der Schädel deutet darauf hin, daß er sich jenseits aller Begriffe von Substanz und Nicht-Substanz befindet.

»Jeder hat eine Krone aus fünf Schädeln, um den Besitz der fünffachen Erkenntnis zu versinnbildlichen. Alles das drückt die Befreiung vom Durst des Handelns aus, die Befreiung von der geistigen Verdunkelung, die Heraufbeschwörung aller Buddhas, die Ablehnung falscher Anschauungen über extreme Thesen und der Irrtümer der drei »Pforten« (Leib, Wort und Geist), die Aufhebung aller moralischen Verwahrlosung und eine Bindung an die reine Erkenntnis, die Unterwerfung der beiden extremen Thesen, der Ewigkeit und der fortgesetzten Samsara-Existenz sowie der absoluten Verneinung, d. h. der Nicht-Existenz des Individuums im Nirvana. Mit anderen Worten: die Unterwerfung der verschiedenen Gegensätze der Welt der Phänomene durch die Erkenntnis der Nicht-Substanz.

Die Schädel, die das Halsband des Gottes bilden, bedeuten die Einverleibung des Lichts, das aus dem durch Unterdrückung aller Extreme errungenen Frieden entsteht. Die zwölf Hände weisen hin auf die makellose Reinheit im Hinblick auf die zwölffache Verkettung von Ursachen*. Die entstellten Gesichter deuten die Verneinung aller falschen Theorien an. Das Grinsen, das die Zähne sehen läßt, bedeutet die Überwindung der vier maras**. Der nach oben gerichtete asketische Haarknoten ist Symbol des emportragenden Verdienstes. Die Girlande aus vajra bedeutet die Ruhe der fünffachen Erkenntnis, die sich dann einstellt, wenn dieses Verdienst seine maximale Entfaltung erreicht.

Der Gott hat drei Augen, weil er mit seiner Weisheit alles entdeckt. Er hat den doppelten vajra in Form eines Kreuzes, weil er mit seiner vierfachen Tätigkeit das Gute für alle Geschöpfe schafft. Die sechs Siegel entsprechend der Vollkommenheit der Mittel, die die Erreichung der sechs mystischen Vollkommenheiten sichern. Er ist mit der Herrlichkeit der geistigen Zufriedenheit ausgestattet, die die Zusammenführung der fünf Buddhas und der vier Mütter darstellt.

---

* Diese Verkettung ist laut Buddhismus das, was die Entwicklung des samsara bedingt.
** vgl. S. 86

»Gegenüber dem Seligen befindet sich Vajravarahi, deren Körper rot ist, weil sie sich dem Wohle der Geschöpfe widmet. Sie hat nur ein einziges Antlitz als Hinweis auf die wesenhafte Identität aller Dinge; zwei Hände, weil die Wahrheit von doppelter Natur ist, absolut und relativ, und drei Augen. Sie ist nackt mit aufgelöstem Haar, weil ihr die Illusionen fremd sind, die das Wesen der Dinge verbergen. Sie trägt einen Gürtel, den Schädelsplitter schmücken, weil sie die höchste Seligkeit gewährt. Die Rechte zeigt eine drohende Gebärde (tarjanimudra), hält einen vajra und entmachtet die Dämonen aus den zehn Punkten des Raums.

Als Symbol der Nicht-Substanz des Universums gleicht sie dem Feuer, das am Ende der Äonen die Welten zerstört. Sie erglänzt in Sonnenpracht, die den Besitz der reinsten Weisheit zum Ausdruck bringt. Fröhlich, wenn auch blutüberströmt, die Schienbeine an die Schenkel des Vaters gebunden, verkörpert sie das große Mitleid, da sie sich um das Wohl der Kreaturen sorgt, obwohl sie die größte Seligkeit genießt, die in der höchsten Schau besteht. Sie schmückt sich mit den fünf erwähnten Siegeln mit Ausnahme der Asche. Sie trägt eine Girlande aus fünfzig Schädeln und auf der Stirn ein Diadem aus fünf Schädeln.«

Die Beschreibung von Vajrabhairava lautet:
»Mahavajrabhairava soll von türkisblauer Körperfarbe sein, mit neun Gesichtern, vierunddreißig Armen und sechzehn Füßen. Die linken Beine sind ausgestreckt, die rechten Beine gebeugt. Er kann die dreifache Welt verschlingen, lacht laut, hat eine eingerollte Zunge, fletscht mit den Zähnen und zieht die Brauen zusammen. Die Augen und Brauen flammen auf wie das kosmische Feuer zur Zeit der Zerstörung des Universums. Er bedroht die Götter der materiellen und immateriellen Sphären und überwältigt selbst die schrecklichsten Gottheiten. Er schreit p'ain. Seine Stimme gleicht dem Rollen des Donners. Er verschlingt Blut, Mark und Fett von Menschen. Als Krone trägt er fünf furchterregende Schädel und schmückt sich mit einer Girlande aus frisch abgehackten Köpfen. Die Verzierungen an seinen Ohren bestehen aus menschlichen Knochen, sein Opferstrick aus schwarzer Schlangenhaut. Der Bauch ist groß und der Leib nackt, das Glied in Erektion. Brauen, Augenlider, Bart und Haar brennen wie das kosmische Feuer am

Ende der Zeiten. Das Hauptgesicht ist das eines Büffels. Es drückt Zorn aus und ist gehörnt. Über ihm zwischen zwei Hörnern hebt sich ein gelbes Gesicht ab.

Die nach oben gerichtete asketische Locke bedeutet, daß er wesenhaft mit den fünf mystischen Erkenntnissen verbunden ist. Er sieht furchterregend aus, weil er die gegnerischen Kräfte (Mara) fernhält. Die sechzehn Füße sind Symbol der sechzehn Arten der Nicht-Substanz. Seine Nacktheit zeigt, daß alle Dinge ungeboren bleiben. Das Glied in Erektion bedeutet, daß er wesenhaft mit der höchsten Seligkeit verbunden ist. Die vierunddreißig Arme sind Symbol der vierunddreißig Bestandteile der Erleuchtung. Das Messer tötet die Unwissenheit. Die Axt zerlegt die falschen Vorstellungen von Subjekt und Objekt. Die Mörserkeule bedeutet Konzentration des Bewußtseins. Die Klinke schneidet die Sünde heraus. Der Stachel bedeutet Unterwerfung von Körper und Wort. Das Beil hackt den Irrtum des Denkens ab. Die Lanze beseitigt falsche Theorien. Der Pfeil durchsticht die abwegigen Vorstellungen. Der Haken treibt zur Erlösung an. Die Keule zerreißt die Schleier, die aus dem Karma entstehen. Das khatvanga ist zutiefst mit dem Gedanken an die Erleuchtung verbunden. Die Rundscheibe setzt das Rad des Gesetzes in Bewegung. Der vajra ist in der fünften Erkenntnis enthalten. Der Hammer zerschlägt den Geiz. Das Schwert verleiht verschiedene magische Kräfte usw. Die Trommel, die die höchste Seligkeit versinnbildlicht, warnt alle Tathagatas. Der mit Blut gefüllte Schädel ermahnt zur Wahrung des Gelübdes. Der Kopf des Brahma handelt kraft seines Mitleids zum Wohle der Kreaturen. Der Schild triumphiert über alle Werke von Mara. Der Fuß verleiht dem Meditierenden den Rang von Buddha. Der Strick bemächtigt sich der höchsten Weisheit. Der Bogen siegt über die dreifache Welt. Die Eingeweide machen die Nicht-Substanz aller Dinge begreiflich. Die Glocke weist auf die wesenhafte Verbundenheit mit der höchsten Erkenntnis hin. Die Hand ist jeder Tätigkeit fähig. Der auf Friedhöfen aufgelesene Lappen löst den Schleier des Unwissens auf, das uns nicht erkennen läßt, daß allen Dingen das eigene Sein fehlt.«

Der Mann auf dem Pfahl läßt darauf schließen, daß alle Dinge ohne Substanz sind. Der dreieckige Herd versinnbildlicht das schaffende Licht ('od gsal). Der eben abgehackte Kopf ist voll von jener Götterspeise, die das Mitleid ist. Die drohende Hand hält die Dämonen in Schach. Der Dreizack versinnbildlicht die Anschauung, daß Geist, Wort und Körper von der gleichen Substanz sind. Das wehende Stoffstück zeigt an, daß alle Dinge maya sind. Die mit Füßen getretenen Geschöpfe symbolisieren seine mystische Kraft«.

Diese Merkmale des Adamantiner Pfades tragen dazu bei, die unerschöpfliche Fülle des buddhistischen Olymps zu erklären. Wenn sich die Meister in ihre Meditationen vertieften, tauchten aus dem Urgrund ihrer Psyche jene Wahrheiten (auf die sie ihr Denken konzentrierten als Stütze der folgenden unfaßbaren Ekstase) unter verschiedenen, oft von dem Bekannten abweichenden Formen auf. Im Augenblick, in dem sich der Meditierende auf die Heraufbeschwörung vorbereitete, ging er von der Gewißheit aus, daß ihm bestimmte Wahrheiten in bestimmten Formen erscheinen würden. Zahl und Formen standen aufgrund einer langen vorhergegangenen Erfahrung fest. Die Zahl konnte nicht verändert werden. Sie war in den Mandala-Schemas fixiert, die im übrigen fast immer die Modelle der Dogmatik wiedergeben. Die Zahl ließ sich nicht ändern, ohne das ganze System des theologischen Gefüges des Buddhismus zu verwirren.

Das Darstellen und Sichtbarmachen jener Kräfte in Gestalt von Gottheiten erweckte im Meditierenden geheimnisvolle Impulse seines Unbewußten. Während der Andacht brachen aus den Urgründen seiner Psyche vorübergehend eingeschläferte Erinnerungen, Spuren von nicht mit vollem Bewußtsein erlebten Begegnungen, unterdrückte Instinkte hervor und flüchteten sich in jene Bilder. Das erklärt die große Anzahl von Methoden der Verwirklichung einzelner Wahrheiten, auf die sich die verschiedenen Tantras konzentrieren. Es gibt kaum einen großen Meister, der nicht sadhanas (hier: Arten und Methoden, wie eine Gottheit anschaubar gemacht werden kann) schriftlich niedergelegt hätte, Visionen, die seinem Geiste im Augenblick der Konzentration erschienen waren. Allein die Tatsache, daß sie sich ihm materialisiert hatten, genügte ihm, um sie für real zu halten. Sie hatten Gestalt angenommen, bewegten sich nicht mehr im dunklen Wirrwarr seines Unbewußten, sondern waren Licht geworden. Eine neue Möglichkeit der Verkörperung des Unbewußten hatte stattgefunden, und es galt, sie behutsam zu registrieren, weil sich diese Visionen bei anderen wiederholen konnten.

Das innerhalb des Buddhismus Geschehene wiederholt sich auch in den indischen Schulen, die zu jeder Zeit die Bilder als Symbole betrachteten, die nur die Eingeweihten zu deuten verstehen.

Die Shakti kann, um ein Beispiel zu nennen, mit vier Armen dargestellt werden. Im unteren linken Arm hält sie einen Bogen mit einer Saite aus Bienen; im unteren rechten Arm fünf Pfeile aus verschiedenen Blumen. Im oberen linken Arm hält sie einen roten Strick, im oberen rechten Arm einen Haken. Diese Symbole können in drei verschiedenen Arten verstanden werden: primitiv, fein stofflich und sehr fein. Im ersteren Falle werden sie als solche angeschaut und nicht nach ihrem tieferen Sinn gefragt; im zweiten Falle übersetzen sie in sichtbaren Zeichen das mantra; der Bogen entspricht der Silbe tham, der Strick der Silbe hum usw. Im dritten Falle ist der Bogen das Denken, die fünf Pfeile sind die fünf feinen Elemente, die Materie in ihrer fünffältigen, wesenhaften Form. Der Strick sind die Leidenschaften, der Haken der Zorn.

Das Mandala, das eine Anweisung zur Erlösung ist, da es das befreiende Mitbewußtsein erweckt, hat unendlich viele Aspekte. Der Buddhismus hat von Anfang an die ungeheure geistige und intellektuelle Vielfalt der Kreaturen erkannt. Denn das Wahre muß sich, um wirksam zu sein und zum Herzen vorzudringen, in tausenderlei Gestalt darstellen. Eine absolute, dogmatisch unabänderliche Wahrheit wäre nutzlos. Buddha verhält sich gegenüber den Geschöpfen wie ein Arzt gegenüber seinen Patienten. Der Arzt weiß, daß die Krankheit als solche eine Abstraktion ist. Im Rahmen einer Krankheit gibt es nur Kranke. So gibt es in der Welt der maya voneinander verschiedene Personen je nach dem karmischen Entwurf und den entsprechenden Anlagen. Die Wahrheit, die für den einen Rettung sein kann, ist für die anderen Verderb, wie die Formel der Schlangenbeschwörer, falsch angewandt, diejenigen tötet, die sich ihrer bedienen. Darum versteht Buddha, genannt Erhabener Arzt, die Wahrheit zu dosieren, indem er sie an die Hörer und Gefolgsleute vernunftgemäß austeilt. Die Tugend, die ihm vor allem die Theologen zugutehalten, ist die Geschicklichkeit bei der Verwendung geeigneter Mittel (upayakausalyata). So wird in der gesamten indischen Tradition größte Bedeutung dem guru, dem Meister zugeschrieben, d. h. demjenigen, der die Bekehrung des Schülers herbeiführen soll.

Die Wissenschaft allein nutzt nichts, wenn sie nicht in rechter Weise dem Schüler durch den Meister vermittelt wird. Es ist notwendig, daß sich zwischen ihnen eine geistige Gleichgestimmtheit bildet, keine kalte intellektuelle Beziehung wie zwischen Lehrer und Schüler, sondern ein Lebensstrom, keine allgemeine Übermittlung von Ideen und Anschauungen, sondern ein lebendiger intimer Konktakt wie die Lymphe, die den Geist des Schülers erneuert. Es ist eine Wechselbeziehung, die die Mystiker dem Verhältnis zwischen Kuh und Kalb gleichstellen.

Der Guru zieht ans Licht stufenweise, was im tiefsten Innern von uns verborgen war, und wir sehen den Horizont um uns herum sich nach und nach erhellen. So sind wir denn alle von diesem Werk der Klarstellung ergriffen. Wir werden erleuchtet, und zugleich gewinnen die Projektionen unseres Geistes Gestalt. Sie entsprechen der Reife, die nach und nach erreicht wird, indem sich uns die Wahrheit unserer inneren Intensität gemäß darbietet. Das ist keine passive Aufnahmefähigkeit, sondern eine schöpferische Mitwirkung, kraft der die Wahrheit, die uns erleuchtet, zugleich so etwas wie unsere eigene Tochter ist.

Diese komplizierte Neubewertung des Individuums, dieses Messen der Wahrheit an seinen Fähigkeiten, die Entsprechung zwischen der Offenbarung der göttlichen Ebene und der geistigen Intensität des Menschen führte, fast aus einer didaktischen Notwendigkeit heraus, zu einer Einteilung der grundlegenden Typen der Geschöpfe. Je nach dem Typus, dem wir angehören, ist die eine oder andere Lehrmethode zu empfehlen, wenngleich sich der Guru innerhalb dieser Grenzen frei bewegen kann, indem er sich von Fall zu Fall in seiner Weitsicht den besonderen Eigenschaften innerhalb der unvermeidlichen geistigen Vielfalt der Schüler anpaßt.

Auf das Prinzip der Verschiedenheit der Kreaturen und demnach der Symbole, die als die geeignetesten erscheinen, um sie auf den Weg der Erlösung zu führen, gründet sich die vierfache Einteilung der esoterischen Schriften, die unter dem Namen Tantra bekannt sind. Sie stellen den Ausdruck einer geistigen Haltung dar, die ihre vollständige Formulierung in der Gnosis gefunden hat. Die Gnosis, die viele Aspekte zeigt und sich über verschiedene Länder ausgebreitet hat, übersetzt in analogische Symbole die gleiche geistige Erkenntnis, behauptet fast mit den gleichen Worten die Identität der menschlichen und göttlichen Natur und setzt eine Taufe als Weihe und eine befreiende Kenntnis voraus. Sie rehabilitiert schließlich die ältesten religiösen Institutionen, indem sie sie in neuen Formen als Allegorien des inneren Dramas deutet, um dessen Preis sich die Palingenesie verwirklicht.

Die Gnosis blühte zu gleicher Zeit von einem bis zum anderen Ende der antiken Welt. Pao p'u tze in China erarbeitete deren alchimistische Seite, indem er sich, gemäß der Tao-Tradition, eine leibliche Unsterblichkeit des Schülers vorstellte. Die Tantras sind alle darauf ausgerichtet, uns über den Weg zu belehren, auf dem sich das göttliche Licht, das geheimnisvoll in uns strahlt, aus dem tückischen Netz der seelischen Gefüge befreien kann: Mani, Valentin, Bardesanes, der Verfasser der Pistis Sophia, haben gleiche Anliegen und stellen Brükken idealer Annäherung zwischen der orientalischen Esoterik und der hellenistischen und jüdischen Gnosis dar.

Die Tantras, die die indische Gnosis enthalten, wurden zum größten Teil in Grenzländern Indiens verfaßt und verbreitet, wo längs der Karawanenstraßen die Begegnungen und der Austausch der Ideen leichter waren. Sie wurden, wie bereits erwähnt, in vier Gruppen eingeteilt. Ihre Namen sind Kriya, Carya, Yoga, Anuttara. Diese Gruppen betrachten als unanfechtbar die Verschiedenheit der Menschen und stellen dementsprechend einige psychologische Kategorien auf. Für jede Kategorie wird eine besondere Liturgie vorgeschrieben und die Wahrheit in einer für jede Gruppe geeigneten Weise offenbart mit dem Ziel, sich nicht nur der Erlösung näherzubringen, sondern ihr auch magische Kräfte zu verleihen.

Alle menschlichen und auch göttlichen Wesen sind in dieser Einteilung inbegriffen. Auch die Götter, aufgeteilt auf verschiedene Paradiese, werden – nach dem Buddhismus – geboren und sterben. Das Gott-Sein ist keine abgeschlossene Sphäre, sondern eine Ebene, mit der sich der Mystiker durch Meditation wesenhaft verbinden, sich auf sie geistig erheben und an ihrem Ruhm bei zeitloser Anwesenheit teilhaben kann. Die Welt ist aus Leidenschaft geschaffen und auch die Götter, die sich in der niedrigsten der drei Existenzsphären, in der Welt der Leidenschaften befinden, können sich ihr nicht entziehen. Diese Leidenschaft kommt auf besondere Arten zum Ausdruck – durch ein Lächeln, durch den Blick, durch einen Händedruck, durch leibliche Vereinigung. Das sind vier Erscheinungsformen der Leidenschaft, die bereits von der antiken Dogmatik definiert wurden.

Unter den Menschen gibt es einige, die mit Vorliebe an liturgischen Handlungen teilnehmen. Es ist für sie ein Mittel, um sich von ihren Sünden zu befreien, unter der Bedingung allerdings, daß der Ritus als Symbol einer inneren Läuterung verstanden wird.

Zu diesen Menschen (die die buddhistischen Meister als Brahmanen bezeichnen, als Priesterklasse, die am Buchstaben festhält und oft unwissend dem Geist gegenübersteht, der die Zeremonie beseelen sollte) gehört eine besondere Tantra-Klasse, Kriyatantra genannt, die an komplizierten liturgischen Handlungen einen besonderen Gefallen findet. Das Böse wird nach seinen eignen Grundsätzen bekämpft. Es wird versucht, dem Schüler nach und nach die Augen zu öffnen und ihm zu zeigen, über welchen komplizierten Apparat psychologischer Verdrängung er verfügt. Er muß nur deren Sinn begreifen. Das »Siegel« (mudra) der Götter ist hierbei das Lächeln.

Die Caryatantra sind für die rje rigs, die Vornehmen, geeignet, bei denen sich die Hochachtung für die Zeremonie mit einer größeren Nachdenklichkeit verbindet. Sie wenden sich an Personen, in denen eine innere Ahnung dämmert und intellektuelle und geistige Voraussetzungen für die Rückkehr vorhanden sind. Das »Siegel« ist hier der Blick. Die Yogatantras wenden sich an die rgyal rigs, die Mächtigen, denen es schwer fällt, sich von ihren irdischen Gütern zu trennen. Ihnen bietet die Meditation angesichts des Mandalas einen prächtigen Zug von Göttern und Göttinnen mit ihrem Gefolge, die in diesem bildlichen Schema als Höflinge eines Königs in dessen Palast erscheinen. Auch zu ihnen muß in einer Sprache gesprochen werden, die sie verstehen, um sie nicht für immer abzuschrecken. Was würde der Verzicht und das ihnen gebrachte Opfer nützen? Sie hängen an Lebensfreuden und wissen nichts von der wahren Seligkeit, die in der Überwindung dessen besteht, was sie am meisten wünschen. Das »Siegel« ist hier die Umarmung.

Die Anuttaratantras der höheren Klassen bleiben denjenigen Geschöpfen vorbehalten, die am meisten sündigen, keinen Unterschied zwischen Gut und Böse kennen und ein unreines

Leben führen. Das Werk der Erlösung wird langsam auf der Schuld aufgebaut, mit der sie sich befleckt haben. Das »Siegel« ist hier die leibliche Vereinigung.

Noch eine andere Einteilung ist möglich. Sie geht von gewissen Anlagen aus, die beim Individuum vorherrschen. Bei einigen herrscht die Gedankenverwirrung vor. Sie sind langsam und getrübt in ihrem Wesen. Ihre Intelligenz ist lichtlos. Für sie sind die Kriyatantras geeignet. Bei anderen ist diese Finsternis gering und um so lebendiger die Intelligenz. Für sie kommen die Caryatantras in Frage. Für Menschen von mäßiger Leidenschaft und Gereiztheit sind die Yogatantras geeignet. Dort, wo diese Unzulänglichkeiten ein besonders hohes Maß aufweisen, gilt es Anuttara zur Anwendung zu bringen.

Daraus ergibt sich, daß die Zahl der Mandalas unendlich ist, da der liturgische Prozeß den einzelnen Schülern angepaßt wird. Bei einigen Tantras der Yogatantra-Klasse zählen sie nach hunderten.

Natürlich richtet sich die Einteilung der Mandalas nach der Einteilung der Geschöpfe, von der bereits die Rede war.

Der erste Typus der Unterteilung war offensichtlich durch die fünf mystischen Familien (kula, rigs) gegeben, bei denen bereits die grundsätzliche Unterscheidung im wesenhaften Bewußtsein erfolgt und die auf der mystischen Ebene durch die höchste Fünffältigkeit dargestellt wird. Das führt zu einer fünffachen Typologie. Dazu gehören die Familie der Tathagatas (Vairocana), die Familie des Vajra oder Diamanten (Akshobhya), die Familie des Kleinods (Ratnasambhava), die Familie der Lotusblüte (Amitabha) und eine der wirksamen Handlung (Amoghasiddhi). Der Schüler muß mit Hilfe des Meisters klären, zu welcher Familie er gehört, um dann das Mandala zu wählen, das ihr entspricht. Gewöhnlich hat jede Familie ihr besonderes Mandala. Doch einige Schulen betrachten es als möglich, alle diese fünf Familien in einem synthetischen Mandala zusammenzufassen und symbolisch darzustellen.

In anderen Fällen war die Wahl des Mandala durch die mystische Ebene bedingt, auf der der Gläubige mit dem einen oder mit einem der drei oder vier wesentlichen Aspekte der Wahrheit in Fühlung kommen wollte, außerhalb ihrer sichtbaren Phänomene: außerhalb der physischen (kaya, sku) ver-

balen (vac, gsuns), gedanklichen (manas, t'ugs) Erscheinungsformen. Hierzu fügen einige Schulen den vierten Aspekt, den
der Tat (karma, p'rin las).

Demnach kann die Wahl des Mandala durch gegebene Eigenschaften der Personen getroffen werden, die es zu ihrer Füh-
rung bedürfen. Dies geschieht, sobald sie seinen mystischen
Sinn zu entziffern vermögen. Es geht dabei um Erlangung der
höchsten Wahrheit, die symbolisch in den Diagrammen und
Figuren des Mandala dargestellt wird. Es gibt Menschen, denen es nicht gelingt, den Sinn einer Lehre zu verstehen, wenn
sie ihnen nicht in allen Einzelheiten erklärt wird. Andere begreifen sofort eine Sache, und es genügt, sie ihnen in allgemeinen Zügen vor Augen zu führen. Es gibt dazwischen eine dritte
Kategorie von Menschen. Diese verstehen etwas nicht sofort
auf kleine Andeutungen hin, denken aber auch nicht so langsam, daß ihnen alles in allen Einzelheiten erklärt werden muß.
Diese Unterscheidung der möglichen Schüler oder richtiger der
Personen, die der Meister zum Verständnis des Wahren hin-
führen soll, findet sich bereits in der Dogmatik. Für die erste
Kategorie von Menschen kommt ein ausführliches, für die
dritte Kategorie ein vereinfachtes Mandala in Frage. Für die
Zwischenkategorie gibt es ein mittleres Mandala.

Es muß außerdem berücksichtigt werden, daß bei gewissen
Menschen bestimmte Neigungen so stark hervortreten, daß es
nicht möglich ist, sie auf einmal auszurotten. Vielmehr müssen
sie auf eine andere Ebene gebracht und auf andere Fähigkeiten übertragen werden.

In einigen Personen erhält sich besonders lebendig die Leidenschaft (adod c'ags), bei anderen wirkt sich besonders stark
der Jähzorn aus (krodha, k'ro ba), bei noch anderen tritt die
geistige Verwirrung (moha, gti mug) in Erscheinung, bei anderen schließlich der Geiz (matsarya, ser sna). Ein besonderes
Mandala ist für jede dieser vier Gruppen von Personen zu
wählen, wobei die im Schüler vorherrschenden moralischen
Neigungen zu berücksichtigen sind. Es darf nicht einmal die
besondere Verehrung unbeachtet bleiben, die einige Personen
für bestimmte Gottheiten hegen. Dabei ist unwichtig, wenn
sie nicht dem buddhistischen Pantheon angehören und deswegen nicht den gleichen dogmatischen Wert haben. Die buddhistischen Tantras zeigen keine Skrupel, wenn es um gewisse
profane Gottheiten (Ajig rten pa) geht, sei es um die acht

Mahadeva, Vishnu, Rudra oder gar um Planeten und Konstellationen. Es kommt auf den Glauben an. Davon muß ausgegangen werden. Sein Vorhandensein im Gemüt der Schüler ist die unentbehrliche Voraussetzung dafür, daß sie nach und nach zur höchsten Erlösung hinaufgeführt werden können. Es mag sich um niederere Formen religiöser Erfahrung handeln. Sie zeigen immerhin eine geistige Sensibilität, die darauf wartet, gepflegt und verfeinert zu werden. Alle in allem sind sie die erste Stufe einer langen Treppe, der Ausgangspunkt einer allmählichen Reinigung und Sublimierung.

Es darf nicht verwundern, wenn bei der Aufzeichnung des Mandala der inneren Fähigkeiten gewisser Personen Rechnung getragen wird, die dank der Verehrung für besondere göttliche Kundgebungen auf den guten Weg gebracht werden sollen, auch wenn diese Kundgebungen nicht unbedingt orthodox sind. Dies ist ein so hartnäckiges und vitales Prinzip des Buddhismus, daß in Japan in das Mandala selbst christliche Symbole eingefügt wurden. Jede Form, die in der Seele aufsteigt, jedes Band, das uns auf geheimnisvolle Weise mit dem Leben des Universums verbindet und uns unbewußt zu den ältesten Erfahrungen des Menschen zurückführt, die Stimmen, die an uns aus den Abgründen der Seele gelangen, alles wird mit fast liebevoller Sorgfalt aufgenommen. Der Buddhismus will nicht, daß dieses Leben der Seele verloren geht. Es spielt keine Rolle, wenn diese Bilder und Visionen, Ängste und Erwartungen nicht ganz der eigenen Vision entsprechen. Es ist ein Erbe, das der Mensch seit der Geburt mit sich trägt. Sie haben eine positive reale Existenz wie die Dinge, die wir sehen und hören. Sie stellen ein unaustilgbares Element unserer Person dar. Wollten wir sie mit dem Verstand in die Tiefe unserer Seele zurückdrängen, würden sie daraus als gefährliche und zersetzende Kräfte hervorbrechen. Es ist also besser, sich von Anfang an ihrer zu bemächtigen und sie dann nach und nach zu verwandeln, so wie man vom äußeren Gürtel des Mandala allmählich zur Mitte vorstößt, zum ursprünglichen Gleichgewicht, das nach der Erfahrung des Lebens wiederhergestellt wird.

Alles dies erfordert, daß der Meister sorgfältig überlegt, ehe er den Schüler zu belehren beginnt. Er muß sich zur Aufgabe machen, seinen Charakter zu erforschen, sich zu vergewissern, daß der gewählte Weg der richtige sei und ihm nicht schaden kann. Als klassisch kann das Beispiel von Marpa gelten, dem Meister des berühmten tibetanischen Dichters und Mystikers Milaraspa*, der hartnäckig verlangte, in die Geheimnisse der buddhistischen Esoterik eingeweiht zu werden. Er wandte sich an den Meister in einem Augenblick der Verzweiflung, mit durch Leidenschaft verwirrter Seele und voll Haß.

Nach dem Tode des Vaters waren die Verwandten gegen ihn aufgebracht, stürzten ihn ins Elend, hatten sich des gesamten Besitzes bemächtigt, ließen die Mutter vor Hunger sterben, zwangen ihn zu einem Bettlerleben. Das Verlangen nach Rache hat ihn jahrelang gequält. Dann begann er, schwarze Magie zu erlernen. Mit Zauberkünsten verursachte er den Tod seiner Feinde, ohne den Frieden der Seele zu finden. Er kam zu Marpa, um das Gleichgewicht zurückzuerlangen und gegen Leid und Enttäuschungen geschützt zu sein, in der Gewißheit, daß alles vergänglich und inkonsistent sei. Er wollte das Feuer löschen, das in seinem Innern brannte. Sein Gemüt war ungezähmt und die Leidenschaft konnte sich bei ihm jederzeit gewalttätig Luft machen. Marpa begriff, welches Übel den Jünger plagte. Er nahm ihn in seine Schule auf, unterwarf ihn jedoch schweren Prüfungen, um seinen rebellischen Geist zu zähmen, demütigte und schlug ihn, befahl ihm, ein neunstöckiges Haus zu bauen. Dreimal ließ er es abreißen und neu errichten. Doch nach und nach beugt sich Milaraspa dieser strengen Disziplin. Die Leidenschaft ebbte ab. Sein Herz öffnete sich der unbeschwerten Seligkeit der Ekstase. Nun ist der Schüler für immer befreit, nicht mehr Sklave seiner Psyche, sondern ihr Gebieter.

Doch wie kann der Meister sicher sein, den Charakter des Schülers richtig erkannt zu haben? Verfügt er über irgendein Mittel, um zu prüfen, ob seine Diagnose stimmt, ob der Schüler, der zu ihm kommt, wirklich geheilt werden kann, wenn er den Weg einschlägt, den er ihm bestimmt? Oder – ausgedrückt in der Tantra-Terminologie – gehört er wirklich zu jener besonderen »Familie«, so daß der psychologische Prozeß, der ihr entspricht, tatsächlich mit Sicherheit auf ihn angewandt werden kann? Wie läßt sich prüfen, ob die »Familie« wirklich die ihm entsprechende ist, und daß der Meister sich nicht irrt?

---

* Evans-Wentz, Milarepa, O. W. Barth Verlag, Weilheim/Obb., 1971.

Im allgemeinen handelt es sich um eine zweifache Methode: um den Blumenwurf und den Traum. Im Folgenden wird davon die Rede sein.

IV. KAPITEL

DIE MANDALA-LITURGIE

Die Liturgie, die den Aufbau und die Aufzeichnung des Mandala begleitet, ist sehr kompliziert. Sie setzt vor allem die Anwesenheit eines Meisters voraus, der die Zeremonie vollzieht, und eines oder zwei Schülern, die den Wunsch geäußert haben, in die Mysterien eingeweiht zu werden, die das Mandala in symbolischer Form wiedergibt. Der Zugang zum Mandala ist erst nach Abschluß einer langen, viel Geduld erfordernden Lehrzeit möglich, die den Beweis für die geistige Reife erbringen soll, deren Vorhandensein der Meister erkennt. Die schulische und doktrinäre Ausbildung hat nach und nach das den Intellekt verdunkelnde Unwissen, die Irrtümer und Unsicherheiten der irdischen Erfahrung beseitigt. Nun ist es Zeit für die Taufe, um die angeborenen Unzulänglichkeiten auszurotten, die schicksalhaft durch die menschliche Begrenztheit gegeben sind. Es handelt sich um ein Sakrament, das uns helfen soll, den Übergang von einer Ebene auf die andere zu verwirklichen und zu erleichtern. Der Preis ist ein psychologisches Drama, das unser ganzes inneres Leben erschüttert: die Rückkehr und die Palingenesie.

Das Erste ist die Reinigung des Zelebranten. Niemand darf einen Ritus vollziehen, wenn er nicht geistig und physisch rein ist. Enthaltsamkeit, Fasten und Bad werden üblicherweise vorgeschrieben.

Die Wahl des Ortes und die Festsetzung der Zeit sind mit besonderer Sorgfalt vorzunehmen. Es gilt, einen günstigen Tag und einen einsamen Ort zu wählen, nahe eines Flußufers oder am Meer, nördlich einer Stadt, oder auch die Kapelle eines Tempels. Dann muß der Boden vorbereitet werden, auf dem die Mandala-Zeichnung ausgeführt werden soll. Steine, Kohle und tierische Überreste sind zu beseitigen, die sich eventuell dort befinden. Das Terrain soll flach und glatt sein. Seine Beschaffenheit deutet eine Entsprechung zu der transzendentalen adamantinischen Ebene an, in die sich am Ende der Zeremonie das Mandala verwandelt. Dann gilt es, die Dämonen wie Mara und sein Gefolge zu vernichten. Mara ist der Gott des Todes, doch zugleich auch der Gott der Liebe, Symbol für alles, was uns an das Leben bindet. Er ist vierfältig: skandha, klesa, mrtyu und devaputramara, entsprechend den fünf konstituierenden Bestandteilen der menschlichen Persönlichkeit, von denen bereits die Rede war. Dazu gehören die Befleckungen, d. h. alle Gedanken, die das Licht des Wahren verdecken, der Tod und schließlich Mara als personifizierter Gott, ein Symbol jener drei Zustände, die das Leben mit sich bringt und die zugleich Träger des Todes sind.

Die Vernichtung von Mara, die mit der Reinigung des Ortes zusammenfällt, vollzieht sich durch Beschwörung der Göttin Erde, der gleichen, die Sakyamuni anrief als Zeichen seiner Erleuchtung in der Nacht von Bodhgaya, in der seine Erweckung erfolgte. Die Erde wird nun mit einer vajra berührt. Dieses Instrument ist unerläßlich für die Liturgie des Großen Pfades. Die im vajra verwandelte Erde wird zum Diamanten.

Die Symbolik dieser ritualen Handlung ist klar. Das Mandala ist, wie bereits erwähnt, ein ideales Bodhgaya, eine »adamantinische Ebene«, eine unverderbliche Oberfläche, die Darstellung jenes Punkt-Augenblicks, in dem sich der Übergang auf die andere Ebene vollzieht und man Buddha wird. Es ist eine Erfahrung, die sich nicht nur einmal in jener berühmten Nacht im Geist des Tathagata bewahrheitete, sondern sich in jedem wiederholt, der durch die verbale Sichtbarwerdung des Wahren, dargestellt durch das »Wort Buddha«, zur Erhebung des Bewußtseins gelangt, das in seinem tiefsten Innern in der Zange der Psyche hindämmert.

Kaum sind Zelebrant und Fläche gereinigt, geht man zu der eigentlichen Aufzeichnung des Mandala über, und zwar mit Hilfe von zwei Schnüren. Die eine ist weiß und dient dazu, die äußere Grenze des Mandala einzuzeichnen. Die andere besteht aus fünf ineinander verknüpften Fasern, jede von anderer Farbe. Diese Schnur nennt sich »Schnur der Erkenntnis«, weil sie dazu dienen soll, die Gestalten der Götter zu zeichnen, die, wie bereits wiederholt erwähnt, in fünf Hauptgruppen zusammengefaßt werden. Jeder von ihnen entspricht eine besondere Erkenntnis.

Die wichtigsten Einteilungen der inneren Mandala-Fläche sind durch zwei Hauptlinien (brahmasutra) gegeben, von Norden nach Süden, von Osten nach Westen. Das Brahmasutra, Faden des Brahma, ist Symbol des Meru, der axis mundi, die – in Analogie – im menschlichen Mikrokosmos dem mittleren Kanal entspricht. Er wird auf die Mandala-Oberfläche projiziert und liegt – infolge der magischen Gleichheit der beiden Richtungen, der vertikalen und der horizontalen, in der Mitte. So zeigt er zugleich die Achse und den höchsten Punkt an, brahmarandhra, die Öffnung des Brahma beim menschlichen Individuum, der höchste Punkt der Schädeldecke. Er stellt den Höhepunkt der Existenz des Makrokosmos (bhutakoti) dar und ist zugleich die Mitte der Welt, um die sich alles bewegt und entwickelt, die Zeit angezeigt und der Raum festgelegt wird.

Ist auf diese Weise das Mandala vom Meister ohne Teilnahme des Schülers (genannt adhara, rtien, Gefäß oder Stütze) vorbereitet, gilt es, die Götter heraufzubeschwören, die darin Platz nehmen sollen. Es sind die fünf Hauptgötter, allein oder mit ihren Gefährtinnen oder ihrem Gefolge, je nach dem besonderen Himmel, dem sich der Zelebrant öffnet. Zur Beschwörung werden in den fünf Hauptpunkten und in den Zwischenpunkten in gleicher Anzahl mit kostbaren und wohlriechenden Essenzen gefüllte Gefäße aufgestellt und mit Bändern, Blumen und Baumzweigen geschmückt. In ihnen soll sich durch Vermittlung des Zelebranten – und es ist zweckmäßig, ihn von nun an mit dem eindrucksvollen Sanskritwort sadhaka zu bezeichnen, was so viel bedeutet wie derjenige, der »eine mystische Erfahrung bewirkt« – die Hinabkunft (avahana) und Besitznahme des heraufbeschworenen göttlichen Geistes vollziehen. Die Zahl der Gefäße kann ebenso groß sein wie die Zahl der im Mandala darzustellenden Gottheiten. Doch es kann Ausnahmen geben, die Gefäße können auch fehlen.

Bevor der Schüler vor das Mandala geführt wird, sind einige Bedingungen zu erfüllen, vor allem adhishthana, was dem Zustand der Gnade oder – wenn man will – der Reinheit gleicht, zu dem der Schüler gelangt, nachdem er die vorgeschriebene fünffache Läuterung vollzogen hat:

1. Freisein von allen Wünschen. Der Schüler, der im Begriff ist, am Ritus teilzunehmen und sich auf eine höhere Ebene erheben möchte, darf sich davon keinerlei Lohn ver-

sprechen, darf nicht bestrebt sein, auf dieser Erde zu irgendeinem Gewinn zu kommen, darf nicht auf paradiesische Seligkeiten hoffen oder darauf abzielen, jenen himmlischen Chören eingegliedert zu werden, zu denen jener hinaufsteigt, der sich von den Sünden befreit hat. Ein anderes Verhalten würde die geheiligte Reinheit verdunkeln. Ein einziges Verlangen darf den Schüler bewegen: die buddhagleiche Reintegration seiner selbst, die Wiederherstellung des dreifachen Diamanten.

Die philosophische Spekulation der Inder hat seit den ältesten Zeiten drei grundlegende Aspekte des Menschen erkannt: Leib, Wort und Geist. Der Buddhismus hat zwar eine neue und kompliziertere Einteilung der menschlichen Person in Vorschlag gebracht (man erinnere sich der fünf dhatu und der fünf skandha usw.), kann jedoch an dieser elementaren Klassifikation nicht vorbeigehen. Es folgt hieraus, daß sich der Mensch auf drei miteinander verbundenen Ebenen bewegt, auf der der Physis, auf der des Wortes und auf der des Geistes. Auf diese Einteilung geht der Diamanten-Pfad mit besonderer Vorliebe zurück. Das Neue dabei ist, daß die dreifache Ebene, aus der der Mensch besteht, ihre Entsprechung in der transzendentalen, d. h. adamantiner Ebene findet: dem Körper, dem Wort und dem Geist, die vorübergehende, vergängliche Erscheinungen sind des Archetypus Mensch, der in der Identität mit dharmakaya, dem wesenhaften leuchtenden Bewußtsein, unveränderlich bleibt. In dieser Teilhabe am dreifachen Diamanten besteht die essentielle Natur der Götter und der Menschen. Nur diese Teilhabe, durch das Mitbewußtsein erweckt, erneuert in den Geschöpfen ihre göttliche Wesenheit. Aus diesem Grund ist es notwendig, während der Zeremonie – sei es der Initiation, sei es der Einsegnung der sakralen Gegenstände bei der Verwandlung des Schülers und des einzuweihenden Gegenstandes – den Übergang von einer zur anderen der göttlichen Ebenen zu vollziehen.

Wenn z. B. der Mystiker im Begriff ist, die komplizierte Liturgie des Guhyasmaja zu vollziehen, um in sich das Wissen um diese wesenhafte Adamantiner-Natur zu erwecken, muß er die Formel hersagen: »Om, ich bin aus der adamantiner Essenz des Körpers aller Tathagata geschaffen. Ich bin aus der adamantiner Essenz des Geistes aller Tathagata geschaffen. Während diese Formel gesprochen wird, vollzieht sich die Übertragung der dreifachen Silbe: om ah hum auf Kopf, Hals und Herz, wobei diese drei Körperteile mit der Hand berührt werden. Die drei Silben sind die »drei Samen des Diamanten«, die in die Person des Schülers oder in den Gegenstand die göttliche Essenz einflößen. In diesem Augenblick findet eine Verwandlung statt, die eine Veränderung der Person herbeiführt. Es ist das Hauptmotiv jeder indischen Liturgie, die einem alten Brauch entspricht. So erfolgte z. B. beim Tod die Übertragung der Persönlichkeit des Vaters auf den Sohn, indem diesem die innerlich Vitalität des Verstorbenen eingeflößt wurde. »Der Sohn nähert sich von oben und berührt alle Organe des Vaters mit den seinigen. . . Möge ich meinen Atem in dich einhauchen können...« (Kaushitaki-up Kap. II, S. 15).

2. Zufluchtnahme zu der Dreieinigkeit: Buddha, Gesetz, Gemeinschaft, die drei Meister, mit deren unsichtbarem, doch allmächtigem Schutz der Schüler rechnet.

3. Formulierung des Gelübdes, daß er die höchste Erleuchtung erreichen, d. h. Buddha werden will. Er verspricht dabei ohne Zögern und Reue den Weg eines Bodhisattva zu gehen. Er darf sich deshalb nicht mit der Sünde der Abschwörung oder gar des Übertretens des Gelübdes beflecken, weil in diesem Falle alle Verdienste zunichte würden.

4. Doch welchen Weg soll der Schüler einschlagen, um sich möglichst leicht aus dem trüben Meer der Psyche zu retten und den Frieden der ursprünglichen Einheit zu gewinnen? Erinnern wir uns an das, was wir früher über die fünffache Einteilung der Kreaturen gesagt haben. Der Schüler wird mit verbundenen Augen an die östliche Mandala-Pforte geführt*. Vom Meister bekommt er ein Holzstäbchen (eines von jenen, die in Indien für die Reinigung der Zähne im Gebrauch sind) oder eine Blume. Eins von beiden muß er in das Mandala werfen. Der Bereich, in den sie fällt und den einer der fünf Buddhas beherrscht, wird den Weg anzeigen, der ihm entspricht.

5. Zu diesem Zwecke ist für die Zeremonie eine Fläche bestimmt worden. Der Schüler, wenn auch mit verbundenen Augen, erscheint neben dem Meister. Doch ehe zum zweiten Teil des Ritus übergegangen wird, zum eigentlichen liturgischen Drama, zum Eintreten in das Mandala, d. h. symbolisch zum Betreten der anderen Ebene, müssen Warnungen ausge-

---

* Bei den Riten ist die Ost-Seite des Mandala diejenige, der gegenüber sich der Zelebrant beim Ritus befindet.

sprochen werden, um den Erfolg der Zeremonie zu sichern oder von ihr Abstand zu nehmen, wenn die Bedingungen, der Augenblick und die karmischen Beziehungen zwischen dem sadhaka und der Ebene, mit der er Fühlung nehmen soll, ungünstig sind.

Die Beziehung zwischen dem Schüler und der Ebene, auf die er emporsteigen will, ist von grundlegender Bedeutung. Auf tibetanisch heißt sie rten abrel (spricht sich wie tendel aus), »karmischer Zusammenhang«, und muß so eng sein wie das Verhältnis zwischen Meister und Schüler. Es ist ein karmisches Verhältnis, Ausdruck einer tiefen Übereinstimmung, die zwei wesenverwandte Kräfte in einen Zustand gegenseitiger Entsprechung versetzen soll. Im Falle, daß dieser tendel nicht vorhanden ist, bleibt jeder Versuch vergeblich, Kontakt und Übereinstimmung zwischen den beiden Ebenen kämen nicht zustande. Sie blieben sich gegenseitig fremd. Aus diesem Grund ist die Feststellung des tendel ein wesentlicher Bestandteil des liturgischen Aktes.

Für die Warnungen beruft sich der sadhaka auf die Träume, die in der Tantra-Esoterik eine wesentliche Rolle spielen, da sie zur Vollziehung des Ritus ermutigen oder von ihr abraten.

Mit dem Einbruch der Nacht muß der Einzuweihende die Haltung von Buddha im Zustande des höchsten Nirvana annehmen, sich auf die rechte Seite legen und den Kopf auf die Hand stützen. Diese Haltung wird als Haltung des Löwen bezeichnet. Es wird die Aufgabe des Meisters sein, ihn über einige mantras zu belehren, auf die er sich konzentrieren muß und die er laut Vorschriften zu wiederholen hat, bis ihn der Schlaf übermannt. In der Morgendämmerung, nach der vorgeschriebenen Opfergabe, muß er dem Meister den Traum erzählen, und der Meister hat zu entscheiden, ob er günstig oder ungünstig war, ob dementsprechend der Ritus zu vollziehen oder darauf zu verzichten ist. Als gutes Omen gilt, wenn vom Bild des Buddha geträumt wird. Ungünstig ist ein Traum, in dem ein Sturz vorkommt.

Natürlich geschieht das alles unter sorgfältiger Wahrung aller Einzelheiten. Der Schüler konzentriert sich mit allen Kräften und ist sich der Feierlichkeit des Augenblicks bewußt. Er soll ausschließlich in Erwartung des Mysteriums leben und psychologisch bereit sein, innerlich die komplizierten Anregungen zu verarbeiten, die ihm das liturgische Drama vermittelt, an dem er teilhaben wird.

Man möge es entschuldigen, wenn ich in diesem Zusammenhang von einer persönlichen Erfahrung berichte. Im Jahre 1939 erlebte ich im Kloster von Saskya die komplizierte Initiation kye rdo rje (Revajra), bei der es sich um eine Gottheit der Saskyapa-Schule handelt. Am ersten Tage wurden Beschwörungsriten vollzogen. Die Zeremonie begann am frühen Morgen und nahm den größten Teil des Tages ein. Der Große Lama von Saskya gab mir ein gesegnetes Blatt, damit ich es unter mein Kissen lege. Er empfahl mir, in keinem Falle die Träume zu vergessen, die ich in der Nacht haben würde. Ich erinnere mich, von hohen Bergen und Gletschern geträumt zu haben. Das geschah in jener Gegend oft. Entweder weil ich irgendwelche Gipfel bewunderte oder besorgt an schwierige Straßen dachte, auf denen ich mich noch fortbewegen mußte. Ich berichtete jedenfalls dem Lama, was ich geträumt hatte. Er sah darin kein ungünstiges Zeichen, im Gegenteil: Die erzählten Bilder legte er so aus, daß er sich bereit fand, mich durch weitere Phasen der Zeremonie zu leiten.

Die gleiche Sorgfalt, die davor bewahren soll, bei der Wahl der eigenen Gottheit irregeleitet zu werden, statt die Gottheit zu wählen, die mit dem Schüler geistig übereinstimmt, ist auch bei den indischen Schulen, etwa den Shiva- und Shakta-Schulen, üblich. Sie brachten stets die größte Sorgfalt, um für den Einzuweihenden das eine oder andere Mantra zu wählen, d. h. ihn mit der einen oder anderen geistigen Ebene in Fühlung zu bringen.

Außer bei einigen Gottheiten, die siddhamantra sind, d. h. mit denen jeder zu jeder Zeit in Verbindung treten kann und die fast immer »Mächte« sind, muß man mit Sicherheit rechnen, daß eine solche Beziehung besteht. Der Hinduismus beseitigt diesen Zweifel in verschiedener Weise. Z. B. durch das kulaakula-cakra, »das Rad der Sympathie und Antipathie«, oder durch das rasi-cakra, das »Rad der Tierkreiszeichen«, oder auch durch nakshatracakra, das »Rad der Mondfunktionen« sowie durch andere analoge Methoden.

Das erste der erwähnten Systeme besteht in der Aufzeichnung eines Diagramms, in dem unter fünf Stichwörtern, die den fünf Elementen – Wind, Feuer, Erde, Wasser und Äther – entsprechen, die fünfzig Buchstaben des Alphabets, einschließlich einiger zusätzlicher Zeichen, in Spalten zu zehn angeordnet werden. Wenn der erste Buchstabe des Namens des Schülers dem ersten Buchstaben des mantra entspricht, bedeutet dies, daß das erstrebte Verhältnis vorhanden ist. Andernfalls gilt es, dem Verhältnis der Freundschaft oder des Gegensatzes Rechnung zu tragen, die es zwischen den verschiedenen Elementen und demnach auch zwischen dem Namen des Schülers und dem der Gottheit geben kann, die verschiedenen Gruppen zugeordnet sind. Z. B. sind Erde und Wind, Feuer und Wind Freunde, doch das Wasser ist Feind des Feuers wie die Erde Feindschaft zum Feuer hat. Der Äther ist immer Freund (Tantrasara, S. 9).

Wenn sich der Zelebrant unter Anwendung der beschriebenen Mittel der Wirksamkeit des Ritus versichert hat, kann der entscheidende Augenblick des liturgischen Initiationsaktes in Angriff genommen werden, die Hinabkunft der göttlichen Kraft, der verschiedenen numina, die durch das Mandala dargestellt sind, wodurch dieses kein lebloses Schema mehr bleibt, sondern sich in einen lebenden Kosmos verwandelt. Es schließt in sich nunmehr die göttlichen Kräfte ein, die seine Symbole in einer dem menschlichen Intellekt verständlichen Weise wiedergeben. Das vollzieht sich durch den Avahana-Ritus, von dem schon mehrmals die Rede war, und bei dem sich die Einswerdung des numen durch den Zelebranten vollzieht. Es geschieht in verschiedenen Phasen. Die wichtigsten werden mit den technischen Begriffen samayasattva und jnanasattva bezeichnet.

Eines der am schwersten verständlichen Momente der erkenntnishaften Heraufbeschwörung wird klarer, wenn wir die genaue Beschreibung eines Beschwörungsritus kennenlernen, bei dem die Aspekte des samayasattva und jnanasattva sich so gegenüberstehen, daß ihre Definition leichter fallen mag. Es handelt sich um ein sadhana, eine liturgische Formel und eine Yoga-Übung, die dazu dienen, khasarpana, eine der vielen Formen von Avakikitesvara, des Gottes des Mitleids heraufzubeschwören.

Wenn bei der Zeremonie und vorgeschriebener Meditation das Bild des Gottes vor den Augen des Schülers sichtbar geworden ist (dieser Augenblick heißt auf Tibetanisch mdun bskyed, Veranschaulichung des Bildes), betrachtet sich sadhaka als identisch mit jenem Gott. Auf dem eigenen Kopf stellt er sich die Silbe om, am Hals die Silbe ah, im Herzen die Silbe hum vor, jede von ihnen auf einer Lotusblüte. Diese Methode gestattet ihm zu meditieren, so lange er will.

Danach geht von der Silbe hum, dem mystischen Samen Gottes, weiß wie die herbstliche Lotusblüte, die sich von der unbefleckten Mondscheibe abhebt, erschaubar im Herzen dieses samayasattva, der Lokanatha (Khasarpana) gleicht, unendlicher Widerschein der Mondstrahlen aus, der die Finsternis des Unwissens in den drei Bereichen der Welt – der höllischen, der irdischen und der göttlichen – verscheucht. Diese Strahlen ziehen aus den fernsten Welten den gleichen Gott in Form von jnanasattva an. Nachdem der Mystiker den Gott auf diese Weise (vorher in samayasattva verwandelt) an sich gezogen hat, glaubt er ihn stehend vor sich zu sehen und wäscht im Geiste die Füße von Lokanatha (der ihm in Form von jnanasattva erscheint) mit Wasser, das er einem mit verschiedenen Kleinodien geschmückten Gefäß entnimmt. Er ehrt den Gott in Gestalt von jnanasattva mit exoterischen und esoterischen Liturgien verschiedener Art: Blumen, Weihrauch, Lampen, Gewändern, Schirmen, Fahnen, Glocken, Bannern, alle von himmlischer Beschaffenheit. Nachdem er ihm so wiederholt gehuldigt hat, spricht er vier Silben aus: jah, kum, vam, bo, und muß dann die Hände in der besonderen Gebärde halten, die vikasita-kamalmudra, »Siegel des aufgeblühten Lotus«* genannt wird. Kraft dieses Siegels – nachdem er Gott an sich gezogen hat – denkt er ihn in dieser Gestalt und verwirklicht, indem er die Silben om ah hum ausspricht, in ihm, der den Schein von samayasattva hat und mit sich selber identisch ist, die Nicht-Dualität der beiden Aspekte samayasattva und jnanasattva«.

Samaya bedeutet Konvention, Versprechen, Gelübde** und sattva Sein, Kreatur. Das samayasattva ist demnach ein konventionelles Sein, das der Meditierende provisorisch angenommen hat, in idealer Weise identifiziert mit der Gottheit, auf die er sich konzentriert. Nachdem er ihr Bild vor sich heraufbeschworen hat, lebt er auf einer anderen Ebene, die außerhalb der samsarischen liegt, auf der die Gesetze der Maya wir-

---

* Mudra, das »Siegel«, wird die besondere Haltung der Hände genannt, die das mantra, die Heraufbeschwörung der Gottheit, begleitet oder an diese die an sie gerichtete Formel gelangen läßt.
** Viele davon sind im Guhyasmaja, S. 127 ff aufgezählt.

ken. Es ist demnach klar, daß seine Verwandlung nur eine vorübergehende ist, eine vorübergehende Anpassung an die geistige Realität, die diese Gottheit versinnbildlicht. Sie ist notwendig, damit die so heraufbeschworene Gottheit sich ihm einverleibt. Um verwandelt zu sein, wenn auch nur vorübergehend, ist eine Verbindung, fast würde ich sagen, eine Begegnung zwischen der Samsara-Ebene und der Ebene der Archetypen erforderlich. Dies ist die Aufgabe, die samayasattva erfüllt, eine vorübergehende Verwandlung des Meditierenden, damit sich die Wesenheit des Gottes auf ihn überträgt.

Ist die Bedingung des samayasattva erfüllt, dann geschieht es, daß jnanasattva, die Projektion des Gottes (der einem essentiellen Archetypus entspricht, den es seit Ewigkeit gibt), zu dem auf solche Weise erneuerten Geschöpf niedersteigt, das der Gottheit jede Art von Ehrungen und Huldigungen erwiesen hat. Der Gott bezieht in ihm eine Wohnstätte, samayasattva verschmilzt mit dem jnanasattva. Dies tritt an die Stelle der Natur. Die samsarische Ebene wird durch eine archetypische Wesenheit ersetzt.

Diese Epiphanie im Herzen des Zelebranten stellt einen Mißton im harmonischen Gefüge dar, das wir beschrieben haben. Es schien uns, als handelte es sich um einen Prozeß des Aufstiegs vom Vielfachen zum Einen, einem Prozeß der Wiederaufrichtung der ursprünglichen Einheit außerhalb der Welt der Erscheinungen, in die wir verwickelt sind. Im Falle des samayasattva und des jnanasattva werden wir ohne Zweifel den Eindruck gewinnen, daß wir einer Herabkunft beiwohnen. Ein Lichtstrahl steigt von oben herab auf uns nieder – wenn auch vorübergehend – umfängt und verwandelt uns. Doch dies ist gewissermaßen eine optische Täuschung: denn in Wirklichkeit ist das Licht in uns. Es steigt nicht herab, sondern offenbart sich von selbst. Jnanasattva, das im Herzen aufleuchtet, bedeutet einen Schritt zur Bewußtwerdung hin, die sich mit geeigneten Symbolen der Psyche bemächtigt. Nur so kann es dort eine Wohnstätte errichten und wirksam werden. Die Lichtfülle verdrängt alle Bilder, die bis dahin dort ruhlos herumwirbelten. Es lenkt auf sich wie ein zentrales Feuer die Aufmerksamkeit des Schülers und verhindert auf diese Weise Zerstreuung und Verlockungen der Außenwelt.

In jedem Falle stellt die Herabkunft des jnanasattva einen entscheidenden Augenblick im Läuterungsprozeß dar. Bei dem der Samsara-Welt unterworfenen Individuum tritt ein neuer Zustand ein. Es befindet sich bereits auf einer anderen Ebene, auf jener Bewußtseinsebene, auf der im Mandala die Symbole der Götter erscheinen. Dies ist noch kein überkosmischer Zustand, doch ein Zustand, in dem das erleuchtende Bewußtsein sich der Psyche bemächtigt mit ihren Symbolen, an deren Stelle es tritt. In diesem Augenblick wohnt der in der Mitwirkung konzentrierte Schüler der höchsten Weihe bei, die seine Wiedergeburt gutheißen soll. Es vollzieht sich die Taufe, die nicht der Meister gibt, sondern die eine ideale Taufe ist, bei der aus allen Richtungen herbeieilende Buddhas seine Verwandlung befürworten, die erfolgte Ablösung, durch die das reflektierte Bewußtsein, das verloren und in Zeit und Raum zerstreut war, zur lichtvollen Einheit zurückfindet. Und nicht nur taufen ihn diese Buddhas, sie treten gewissermaßen in ihn ein, um aus ihm wieder auszustrahlen. So wiederholt sich der wechselvolle Atem der Dinge, der sich ewig vollzieht.

Bei wiedergewonnenem Mitbewußtsein legen wir uns Rechenschaft ab, nicht mehr Zuschauer, sondern Mitwirkende zu sein. Der Schüler identifiziert sich mit Vajrasattva. Er befindet sich in der Mitte des überkosmischen Mandalas, das den Seinsgrund des gesamten Kosmos ausdrückt, seine Quellen und den Punkt der Rückkehr. Kraft der Entsprechung zwischen Makrokosmos und Mikrokosmos, die wir wiederholt erwähnten, reproduziert das Modell der Übertragung des Mandalas auf den Eingeweihten die ursprüngliche autogene Schöpfung, die alles, was nur scheinbar ist, aus dem Undefinierbaren entstehen ließ, das voll von unendlichen Möglichkeiten war. In jenem Augenblick wurde die Welt aus der archetypischen Struktur geboren, die das höchste Eine in sich barg und die es nach Jahrhunderten wieder in sich aufnehmen wird.

Es genügt, das erste Kapitel des uhyasamaja (erklärt mit Hilfe von Candrakirti) zu lesen, in dem diese Entfaltung des Mandala in allen Einzelheiten wiedergegen wird. Es beginnt mit dem Augenblick, in dem der selige Vajradhara inmitten der unendlichen Leere seinem Wesen die adamantiner Essenz zahlloser Buddhas und Bodhisattvas einverleibt, die mit ihm die Leere bevölkern und sie wie Sesam-Samen füllen, allein um sie ins Innere des Mandala zu projizieren (Vajradhara – derjenige, der das vajra hält, wohnt der Prägeform der »adamantiner Frau« inne, zusammen mit dem Wesen der drei Ebenen, dem Geist, dem Wort und dem Körper, aus denen sich alles zusammensetzt). Die archetypischen Formen vermehren sich stufenweise in einem fortlaufenden Prozeß des Anziehens und Ausstrahlens, der durch die verschiedenen Stadien der Einkehr (samadhi) innerhalb der Zweiheit von Mann und Frau und andere wesentliche Vorgänge bestimmt wird, in einem Prozeß, der den Mechanismus des Universums regiert. Alle Formen, die das unermeßliche Mandala ausstrahlt, indem es die Unendlichkeit des Raums ausfüllt, stellen die ewige Form und die unabänderliche Struktur des Universums dar.

(A) Einmal befand sich der Selige in der Scheide der adamantiner Frauen (der Mächte), die das Herz bilden, d. h. das Wesen der physischen, verbalen und geistigen Ebene aller Tathagatas (indem sie die Synthese von Leere und Seligkeit verwirklichen). Er war mit zahllosen Bodhisattva Mahasattvas zusammen. Es gab ihrer so viele wie Staubkörner, die es geben würde, wenn der Berg Sumeru zerrieben würde, (Achse von unendlichen Welten, von denen jede einen Buddha an der Spitze hat). Es waren zugegen: Bodhisattva Mahasattva, Diamantgelübde (Sarvavarana – viskambin, Ausstrahlung von Akshobhya*), Diamant-Körper (Kshitigarbha, Ausstrahlung von Vairocana), Diamant-Wort (Lokesvara, Ausstrahlung von Amitâbha), Diamant-Gedanke (Vajrapani, Ausstrahlung von Akshobhya), Diamant-Konzentration (Akasagarbha, Ausstrahlung von Ratnasambhava), Diamant-König (jaya statt japa, wie im Text, und Maitreya, Ausstrahlung von Amoghasiddhi).

(B) Weibliche Bodhisattvas, Diamant-Erde (Locanâ, Gefährtin von Vairocana), Diamant-Wasser (Mâmâki, Gefährtin von Ratnasambhava), Diamant-Feuer (Pandaravasini, Gefährtin von Amitâbha), Diamant-Wind (Samayatara, Gefährtin von Amoghasiddhi), Diamant-Äther (Mañjusrî).

(C) Diamant-Materialität, Diamant-Ton, Diamant-Duft, Diamant-Geschmack, Diamant-Tastsinn.

(D) Diamant der Seinsmöglichkeiten (Samantabhadra mit den fünf Tathagatas: Akshobhya-Diamant, Vairocana-Diamant, Ratnaketu-Diamant, Amitâbha-Diamant, Amogha-Dia-

---

* Transzendentale Akshobhya zum Unterschied von dem Akshobhya der Fünffalt, Vajradhara.

mant. Und der ganze Raum wird aussehen wie Sesam-Samen, voll von Tathagatas, angefangen von diesen, die sich dort zusammendrängen.

»Der selige Mahavairocana (Vajradhara) vertiefte sich in die Konzentration, die »Diamant der großen Leidenschaft von Tathagatas« genannt wird, und ließ den Aufmarsch der Tathagatas in drei Diamanten eintreten, in den des eignen Leibes, in den des eignen Wortes und in den des eignen Geistes. Danach ließen jene Tathagatas, um den seligen Herrscher über die Diamanten des Leibes, des Wortes und des Geistes aller Tathagatas zufriedenzustellen, den eignen Körper die Gestalt von Frauen annehmen. Auf diese Weise blieben sie außerhalb des Körpers des seligen Vairocana.

Einige nahmen die Form von Buddhalocani, andere die von Samayatara, andere die von Pandaravasini an. Einige erschienen in Gestalt der Diamanten-Sicht, andere in Form vom Diamanten-Ton, andere in Form des Diamanten-Duftes, andere in Form des Diamanten-Tastsinns. Das entspricht den vier Gefährtinnen der vier Tathagatas an den vier Punkten des Raums unter Ausschluß der Hauptgottsheit des Mandala, der unbeweglichen Mitte, die durch ihre Ausstrahlung das Niedersteigen von Zeit und Raum bewirkt!

Tathagata Aksohobhya, der jetzt aus genannten Gründen Vajradhara heißt, während er vor kurzem noch Mahavairocana genannt wurde, befand sich in der Scheide der »adamantiner Frauen«, die »das Herz« der physischen, verbalen und geistigen Ebene aller Tathagatas darstellen. Er stellte das Mandala des großen Gelübdes (samaya) auf, das quadratisch ist, ganz Welt, rein, von ihm bewirkt (sein Widerschein), von jeder Seite anders aussehend, überdeckt durch Wolken von Buddhas, von dichten Funken sprühend (die zehn Zornigen Gottheiten, die das Mandala umstehen), Stadt aller Tathagatas, verbunden mit dem reinen Mandala.

Alsdann nahm der Selige (Vajradhara), Herr des Diamanten des Körpers, des Wortes und des Geistes der Thatagatas Platz in der Mitte des Mandala aller Thatagatas. So fanden sich die Thatagatas Aksohobhya, Ratnaketu, Amitâyuh, Amoghasiddhi, Vairocana im Herzen des Thatagata Bodhicittavajra (Diamant des Erleuchtungsgedankens, Vajradhara, Mitte und Erstes Prinzip, durch das nach der erfolgten Erregung, die wir eben beschrieben haben, die Fünffalt bedingt wird).

Alsdann vertiefte sich der selige Bodhicittavajra in die Konzentration genannt »Diamant der Herrschaft aller Thatagatas«. Und sofort füllte sich die Sphäre des leeren Raums mit Diamanten aller Thatagatas. Und die Kreaturen, die sich in allen Sphären des Raums befanden, nahmen durch Verfügung von Vajrasattva teil an der Seligkeit und Heiterkeit, die allen Thatagatas eigentümlich ist.

Alsdann vertiefte sich Tathagata Bodhicittavajra in die Konzentration genannt ›Diamant, der dem Gelübde des Diamanten des Körpers, des Wortes und des Geistes aller Tathagatas entstammt‹ und befahl, was der Herr aller Thatagatas verfügte, in der Form des »Menschen« (Tathagata) von großer Weisheit* (Mantra: om a hum). Kaum war dies geschehen, als der selige Bodhicittavajra von allen Tathagatas in dreifacher Form (als Buchstaben om a hum) erblickt wurde.

Alle Tathagatas, angefangen von Aksohobhya, die ausgehen vom Herzen von Bodhicittavajra, verlangen nunmehr mit verschiedenen Beschwörungen von Buddha, er möge die Wahrheit offenbaren und erklären, wie sie sich verwirklicht.

Als der Selige, der Tathagata Sarvatathagatakayavagcittavajra von diesem Gebet aller Tathagatas erfuhr, vertiefte er sich in die Konzentration, genannt »Diamant der Erkenntnisfackel« (der Nicht-Dualität). Kaum war dies geschehen, sprach er aus den drei Diamanten des eignen Körpers, des eignen Wortes und des eignen Geistes die Formel** aus, die die höchste Wesenheit der Familie des Hasses (vajradhrk) zum Ausdruck bringt.

Nachdem er diese Formel ausgesprochen hatte, hinterlegte der Selige, ein Weiser des Leibes, des Wortes und des Geistes aller Tathagatas, sie im Diamanten des Leibes, des Wortes und des Geistes aller Tathagatas, und zwar in schwarzer, weißer und roter Gestalt, begleitet von dem höchsten Zeichen der Verbindung mit dem großen Siegel von Akshobhya. Das bedeutet eine Teilhabe an der essentiellen Natur des Einen. Die Formel

---

* Mahavidya, hier vidya, ist als geheime Formel zu verstehen oder als mantra von unbegrenzter magischer Wirksamkeit. Der vidyapurusha ist der Mensch, der dieses vidya besitzt.
** Hrdaya ist das Herz, die Quintessenz eines Dings, eine Formel, die die Wahrheit einschließt oder den wesentlichen Sinn einer Lehre ausdrückt.

macht es möglich, daß sie sich analog dem Symbol von Akshobhya – Haß – auf eine dreifache Ebene projiziert. Dieses Symbol kommt in die Mitte des Mandala.

Nachdem sich der Selige in die Konzentration, genannt »Diamant Ausdruck des Gelübdes aller Tathagatas« vertieft hatte, prägte er aus dem dreifachen Diamanten des eigenen Leibes, Wortes und Geistes die Formel, die das höchste Wesen der Familie der geistigen Verwirrung jinajik zum Ausdruck bringt. Sobald diese Formel ausgesprochen war, hinterlegte sie der Selige, Weiser des Leibes, des Wortes und des Geistes aller Tathagatas im Diamanten des Leibes, Wortes und Geistes aller Tathagatas in weißer, schwarzer und roter Farbe zusammen mit dem höchsten Zeichen der Verbindung mit dem großen Siegel von Vairocana«.

Nachdem sich der Selige in die Konzentration, genannt »Diamant-Ausdruck des großen Kleinods aller Tathagatas« vertieft hatte, prägte er aus dem Diamanten des Leibes, Wortes und Geistes die Formel, die die höchste Essenz der Familie der Kleinode – ratnadhrk – ausdrückt. Kaum war diese Formel ausgesprochen, hinterlegte sie der Selige, Weiser des Diamanten des Leibes, Wortes und Geistes aller Tathagatas, rechts vom Diamanten des Leibes, Wortes und Geistes aller Tathagatas in gelber, weißer und schwarzer Farbe zusammen mit dem höchsten Zeichen der Verbindung mit dem großen Siegel von Ratnaketu.

Nachdem sich der Selige in die Konzentration genannt »Diamant-Ausdruck der großen Leidenschaft aller Tathagatas« vertieft hatte, prägte er aus dem Diamanten des Leibes, Wortes und Geistes die Formel, die die höchste Essenz der Familie der adamantiner Leidenschaft – arolik – ausdrückt.

Sobald diese Formel ausgesprochen war, hinterlegte sie der Selige, Weiser des Leibes, Wortes und Geistes aller Tathagatas links vom Diamanten des Leibes, Wortes und Geistes aller Tathagatas in roter, weißer und schwarzer Farbe zusammen mit dem höchsten Zeichen der Verbindung mit dem großen Siegel von Lokesvara, dem Herrn der großen Weisheit.

Nachdem sich der Selige in die Konzentration genannt »Diamant-Ausdruck des makellosen Gelübdes aller Tathagatas« vertieft hatte, prägte er aus dem dreifachen Diamanten des eignen Leibes, Wortes und Geistes die Formel der höchsten Essenz der Familie, die mitreißt (samaya, das Licht, od gsal):

prajñâdhrk. Kaum war diese Formel ausgesprochen, hinterlegte sie der Selige, Weiser des Leibes, Wortes und Geistes aller
Tathagatas nördlich vom Diamanten des Leibes, Wortes und
Geistes in gelber, weißer und schwarzer Farbe mit dem höchsten Zeichen der Verbindung zum großen Siegel von Amoghavajra.

Fünf sind die Familien, die zur Befreiung vom Genuß führen: die des Hasses (Akshobhya), die der geistigen Verwirrung (Vairocana), die der Leidenschaft (Amitâbha), die des
Kleinods (Ratnaketu), die des Gelübdes (samaya) (Amoghasiddhi).«

Nachdem sich der Selige in die Konzentration genannt »Gelübde (samaya), das den Besitzer des Diamanten alle Tathagatas (Akshobhya) erfreut«, vertieft hatte, prägte er aus dem
dreifachen Diamanten des Leibes, Wortes und Geistes die erhabene Gemahlin des Besitzers aller Diamanten dvesarati
(Haß-Genuß).

Kaum war dies geschehen, nahm der Selige, Weiser des Lei-
bes, Wortes und Geistes aller Tathagatas, die Gestalt einer
Frau an und fügte es dem Diamanten des Leibes, Wortes und
Geistes aller Tathagatas ein.

Nachdem sich der Selige in die Konzentration genannt
»Diamant, der alle Tathagatas erfreut (anuragana)« vertieft
hatte, prägte er aus dem dreifachen Diamanten des eignen Leibes, Wortes und Geistes die erhabene Gemahlin aller Tathagatas (Vairocana): Moharati (geistige Verwirrung – Vergnügen, locana).

Kaum war dies geschehen, nahm der Selige usw. die Gestalt
einer Frau an und stellte sie in die östliche Ecke.

Nachdem sich der Selige in die Konzentration genannt
»Diamant des Besitzers des Kleinods aller Tathagatas« vertieft hatte, bildete er aus dem dreifachen Diamanten des eignen Leibes, Wortes und Geistes die erhabene Gemahlin des
Besitzers jeden Neids: Irshyarati (Vergnügen – Neid, Pandaravasini). Kaum war dies geschehen, nahm der Selige die Gestalt einer Frau an und stellte diese in die südliche Ecke.

Nachdem sich der Selige in die Konzentration genannt
»Diamant, der die Besitzer der Leidenschaft aller Tathagatas
(anuragana) Amitâbha) erfreut« vertieft hatte, bildete er aus
dem dreifachen Diamanten usw. die erhabene Gemahlin des
Besitzers aller Leidenschaften Ragarati (Leidenschaft-Genuß).

Kaum war dies geschehen usw., nahm der Selige weibliche Gestalt an und stellte diese in die westliche Ecke.

Nachdem sich der Selige in die Konzentration genannt »Diamant der Bestätigung von Leib, Wort und Geist aller Tathagatas (Amoghasiddhi)« vertieft hatte, bildete er aus dem dreifachen Diamanten usw. die erhabene Gemahlin des Besitzers der Erkenntnis aller Tathagatas: Vajrarati (Diamant-Genuß).

Kaum war dies geschehen, nahm der Selige weibliche Gestalt an und stellte diese in die nördliche Ecke.

Nachdem sich der Selige in die Konzentration genannt »Diamant von Mahavairocana« vertieft hatte, bildete er aus dem dreifachen Diamanten usw. das Mahakrodha, genannt Mandala-Gebot aller Tathagatas: Yamantakrt (»derjenige, der yama vernichtet, yama ist avidya, Unwissen).

Kaum hatte der Selige usw. die Gestalt angenommen, die alle Tathagatas mit Furcht erfüllt, stellte er sie an die östliche Pforte.

Indem sich der Selige in die Konzentration genannt »Diamant der Erleuchtung aller Tathagatas« vertieft hatte, prägte er das mahakrodha genannte Gebot usw.: Prajñântakrt.

Kaum hatte der Selige usw. die Gestalt angenommen, die alle Gelübde-Diamanten mit Furcht erfüllt, stellte er sie an der südlichen Pforte auf.

Nachdem sich der Selige in die Konzentration genannt »Diamant, der über das Gesetz aller Tathagatas herrscht« vertieft hatte, bildete er usw. mahâkrodha, genannt Mandala-Gebot des Besitzers der Leidenschaften aller Tathagatas: Padmantakrt.

Kaum war dies geschehen, nahm er die Form der Stimme aller Tathagatas an und stellte sie an der westlichen Pforte auf.

Nachdem sich der Selige in die Konzentration genannt »Diamant des Leibes, Wortes und Geistes aller Tathagatas« vertieft hatte, prägte er das mahâkrodha genannt Mandala-Gebot des Leibes, Wortes und Geistes aller Tathagatas: Vighnantakrt.

Kaum war dies geschehen usw. nahm er die Gestalt des Leibes, Wortes und Geistes aller Tathagatas an und stellte sie an der nördlichen Pforte auf. –

Das nachstehende Schema zeigt, wie sich der eine Vajradhara vervielfältigt durch Ausstrahlung seiner selbst zur Mandala-Form:

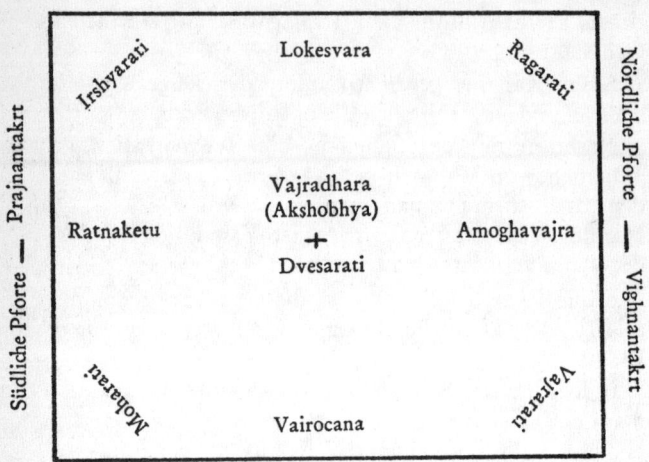

Westliche Pforte — Padmantakrt

Nördliche Pforte — Vighnantakrt

Südliche Pforte — Prajnantakrt

Östliche Pforte — Yamantakrt

Irshyarati · Lokesvara · Ragarati

Ratnaketu · Vajradhara (Akshobhya) + Dvesarati · Amoghavajra

Mobarati · Vairocana · Vajrarati

Der Meditierende geht, wie bereits gesagt, von diesem Modell aus. Er identifiziert sich mit dem essentiellen Bewußtsein, dargestellt in dem von ihm gewählten Symbol. So wird er dem All-Einen einverleibt. Wird diese Konzentration nicht gestört, so wird er in der Mitte seines Herzens, Prägeform aller Dinge, die geschaffen werden könnten, die Silbe hum aufflammen sehen und erblicken, wie sich aus ihrem Glühen eine unendliche Zahl von göttlichen Formen bildet. Diese werden sich um ihn herum gemäß dem Mandala-Schema gruppieren. Alsdann werden sie sich ihm einverleiben. Damit wird sich die Erneuerung des urhaften Dramas vollziehen. Der Schüler, hineingenommen in das Eine, befindet sich nunmehr außerhalb der Zeit. Er kann demnach den anschaubaren Formen, das feinstoffliche Mandala-Gefüge subsistuieren, das statt dieser Bilder das mantra darstellt, keimhafte Formel des essentiellen Bewußtseins.

Wie vorhin gesagt, ist diese Taufe, deren Beschreibung ein berühmtes Buch der indischen Gnosis wiedergibt, kein Geschehen, das sich seit Beginn der kosmischen Schöpfung nur einmal bewahrheitet hat. Es handelt sich vielmehr um eine Epiphanie, die dem Schüler erscheint, der sich, am Ende seiner geistigen Vorbereitung, mit der Mandala-Mitte identifiziert – einem Punkt, von dem alles ausgeht und zu dem alles zurückkehrt. In ihm befinden sich alle archetypischen Wesenheiten, die Lichtbündel ausstrahlen und die Welt ausfüllen, indem sie sie erwecken und in sich aufnehmen. Aus dem Geist des in Kontemplation vertieften Schülers, der sich auf die Ebene des essentiellen Bewußtseins erhebt, sprühen nach allen Richtungen die göttlichen Prägeformen der Dinge. Er sieht sie aus sich herausgehen und wieder in ihn hineintreten unter dem Symbol, das die religiöse Erfahrung in genauen Formen fixiert hat, weil er sich nur auf diese Weise als Handelnder im kosmischen Drama vorstellen und nach der Lebenserfahrung zum Ursprung emporsteigen kann.

Die Bilder, die er aus der Mitte seines Herzens ausstrahlen und den Raum durchdringen sieht, werden von ihm wieder einverleibt. Sie vergöttlichen und verbrennen ihn fast mit ihren Flammen. Sie beruhigen das wallende Meer der Seelentiefe und erhellen ihre Dunkelheit. Der Zwiespalt der Seele ist überwunden und über der Unruhe dämmert ein heiteres und unbewegliches Licht.

Das Ablesen des Mandala führt somit zur Lösung – dadurch, daß die einzelnen Etappen, die es symbolisch darstellt, in der Tiefe des eigenen Bewußtseins wiederholt und geistig zurückgelegt werden. Der Schüler gelangt zum zentralen Punkt, indem er nach und nach von einem Sektor des Diagramms zum anderen übergeht, d. h. von einem inneren Zustand zum folgenden und vollständigeren, der den vorangehenden nicht aufhebt, sondern überwindet, indem er ihn absorbiert. Das kann ganz materiell geschehen, wie bei den großen Mandalas, die für Einweihungszeremonien benutzt werden. Der Schüler, der die verschiedenen Teile des Mandala durchläuft, befindet sich zuletzt in dessen Mitte und erfährt unmittelbar die mandalische Katharsis. Es kann auch in Gedanken geschehen, indem sich der Schüler auf die Mandala-Zeichnungen konzentriert und in sich die Wahrheit verwirklicht, die sie andeuten. Der Mittelpunkt ist der fünfte Punkt, der Punkt, der einer anschaubaren Darstellung fähig ist. Außerhalb und darüber ist der sechste Punkt, die andere Ebene, das vajradhara. Hier vernichtet sich der Schüler selbst, indem er von der Mandala-Mitte aus, die er auf diese Weise erreicht, nach Abrücken von der vorherigen Ebene in seine Lichtheit vordringt. Dies vollzieht sich überraschend und unmittelbar. Das Abrücken ist die Frage eines einzigen Augenblicks: Wenn die Wahrheit oder die göttliche Essenz durchdrungen ist, wird alles erkennbar (Isvarapratyabhijnavimarsini von Abhinavagupta Bd. II. S. 407, V. 10).

Solchermaßen wird der Prozeß den Augen des entsprechend eingeweihten Schülers sichtbar wie ein riesiges, bewegliches Mandala, das sich jetzt mit den flammenden Zeichen seiner Symbole zeigt. Es sind Bilder der Götter im Glanz des himmlischen Ruhms, die ihn blenden. Dieses Mandala wird vom Mittelpunkt her absorbiert, von einem unbeweglichen Stern, der alles in sich aufnimmt und von dem aus alles in wechselvollen Vorgängen ausgeht. Doch der Schüler ist, ideal betrachtet, selbst dieser Mittelpunkt, indem er die mystische Lotusblüte am Scheitel des eignen Kopfes mit jenem Mittelpunkt identifiziert, der die unerschöpfliche Prägeform von allem ist, was ist, was war und sein wird. So müssen wir nun von dieser höchsten Stufe sprechen, von der Übertragung des Mandala in den Körper des Schülers.

V. KAPITEL

DAS MANDALA
IM EIGENEN KÖRPER

Im Laufe der Jahrhunderte betonen sowohl der Buddhismus wie auch der Hinduismus immer mehr jene psychologische Einsicht, der wir bereits in der Morgendämmerung des indischen religiösen Lebens begegnet waren. Auf das Mandala projizieren sie das Drama der kosmischen Disgregation und Reintegration, die vom Individuum erlebt werden, da es der einzige Träger ist der eigenen Erlösung, der Rückkehr zum Ursprung mit Hilfe des logos spermaticos.

Wenn aber das Individuum die Person ist, die dieses Drama erlebt, erfährt und daraus Nutzen zieht, ist es dann nicht möglich, auf das Mandala zu verzichten und die Symbolik, die es darstellt, auf das Individuum selbst zu beziehen? Der Sprung hierzu wird durch die Analogie zwischen Makrokosmos und Mikrokosmos erleichtert. Diese Entsprechung ist der Mittelpunkt des Yoga, den die Erkenntnisschulen Indiens und nicht nur Indiens akzeptieren. Der Körper ist nicht nur dem Universum wesensgleich in seiner Ausdehnung und in seiner physischen Unterteilung. Er enthält auch alle Götter in sich (sarve devah sarirasthah, Guptadiksatantra, zitiert in Saktandatarangini, S. 31; für die Entsprechung von Welt und Körper s. ebenda S. 9).

Damit wird das äußere Mandala in das innere Mandala, d. h. in den Körper übertragen, in dem die gleichen Symbole in analogen Entsprechungen Platz finden. Der ideale Mittelpunkt ist brahmarandhra, die Höhle von Brahma am Kopfscheitel, wo sich die sushumna öffnet, der Mittelkanal, der längs der Wirbelsäule den menschlichen Körper vom Unterleib bis zum Kopf durchquert. Nach der kosmischen Analogie ist die Wirbelsäule Sumeru, der Hauptberg des Universums, an dessen Seiten sich die verschiedenen himmlischen Ebenen befinden, wie im menschlichen Körper verschiedene Radzentren unterschieden werden, zwangsläufige Durchgänge des Reintegrations-Prozesses.

Über dem Sumeru-Gipfel dehnt sich der ewige Raum aus. Er ist Symbol der anderen Ebene, der nicht samsarischen, sondern der Nirwana-Ebene. Sobald die Reintegration stattgefunden und die illusorische Individualität aufgelöst hat, löst sich das Scheinbare von selbst in der Einheit des kosmischen Bewußtseins auf, das die Persönlichkeit übersteigt.

Das Leben des Individuums spiegelt das Leben des Universums wider. Substantiell sind wir erleuchtet, bodhi und dharmakaya, »wesenhaft verwirkt mit Buddha«, so lehren die Buddhisten und paramasamvit, »höchstes Bewußtsein« nach Lehre der Shiva-Gläubigen. In uns wiederholt sich von Augenblick zu Augenblick der gleiche Prozeß, der jenes Urlicht zur Individuation und Verstofflichung führt. Die denkende Kraft, die fünf Stufen verschiedener Lichtheit durchläuft, vom Unterleib bis zum brahmarandhra, um sich dort aufzulösen, wird als leuchtender Punkt gedacht, gleicht jenem urhaften Licht, dem ewigen Ursprung von allem Ungeschaffenen. Sie ist der Mittelpunkt des Individuums, ebenso wie das Symbol des Urprinzips im Mittelpunkt des Mandala liegt. Es ist der Punkt-Augenblick, in dem das Unendliche und Ewige enthalten ist.

Im Laufe des Beschwörungsprozesses, wenn der Schüler in den Zustand der Konzentration (samadhi) tritt, löst er sich von dieser Ebene und identifiziert sich mit dem kosmischen Bewußtsein in seinem schöpferischen Augenblick. Aus dem eignen keimenden Gedanken, aus den Samen, die der Meditierende darin liegend oder aufgezeichnet sieht, strahlen jene Bündel farbigen Lichts aus, die das erste Beben, die erste Störung im Gleichgewicht der ursprünglich unantastbaren Lichtheit des Bewußtseins anzeigt. Sie werden in Gestalt der fünf tathagatas oder der fünf ersten Erscheinungsformen von Shiva sichtbar. Der Schüler sieht sie in der geheimen Tiefe des eignen Wesens strahlen und sich um die Lotusblüte seines Herzens sammeln. Außerhalb des Mandala, unsichtbar und doch allgegenwärtig, ist der Anfang von allem, vajradhara. Er existiert vor jedem Prozeß der Zweiteilung und ist dessen unerläßliche Vorbedingung. So befindet sich dieser Punkt im Mandala-Menschen ebenfalls außerhalb des Körpers, oberhalb des brahmarandhra.

Doch wie vollzieht sich die Reintegration angesichts der Konzentration auf den Mandala-Menschen? Beim Prozeß, der uns beschäftigt, weiß der Schüler, daß die Erlösungsmöglichkeiten in ihm selber liegen und weiß auch, daß sie ungenützt bleiben werden, wenn er nicht mit allen seinen Kräften die Erlösung anstrebt und diese Möglichkeiten entdeckt und aktiviert.

Für den Weg der Erlösung braucht er seinen ganzen wachsamen Willen. Er muß die Kräfte seiner Psyche in Bewegung setzen, damit sie, die ihn gefangen hält, ihm die Mittel der Rettung liefert. Bedingung ist, daß er sie zu entziffern und zu beherrschen vermag.

Der Körper mit seinen Bedürfnissen und Lockungen stellt für die Nicht-Eingeweihten den ersten Bestandteil der karmischen Fülle dar. Er ist Werk und zugleich Werkzeug der avidya. Er verlangt Pflege, Zufriedenstellung, Hilfe bei der Erfüllung seiner Wünsche. Er ist Mittel der Ausstrahlung, die Grundlage des Gefühlslebens. Doch zugleich könnten wir ohne den Körper nicht die Schönheiten der Welt genießen, könnten auch nicht den Erkenntnisschimmer haben, der uns die göttliche Allmacht erkennen läßt, wie sie sich in der Großartigkeit der Natur entfaltet. Durch geeignete Disziplin im Zaum gehalten, kann das psychisch-physische Gefüge auf neue Möglichkeiten abgestimmt werden. Der Eingeweihte benutzt zu diesem Zweck den Yoga und vor allem den Hathayoga. Er verleugnet den Körper nicht; vielmehr bedient er sich seiner als eines Instruments der Erlösung. »Essenz aller Dinge ist unser Körper. Wenn du deinen eigenen Körper kennst, ist deine Grundlage gesichert« (Amrtaratnavali).

Der Leib entspricht dem, was die Tibetaner in der Mandala-Terminologie mit rten (in Sanskrit: adhara) bezeichnen – die physische Stütze des göttlichen Blitzschlags. Er gleicht einem Behälter, der durch die Kräfte entstanden ist, die in ihm wohnen und durch ihre Wirksamkeit die räumliche Ausdehnung und Zeitfolge bedingen. Deswegen ist der Körper kein verabscheuungswürdiges Aggregat verderblicher Substanzen. Er ist auch keine schweigende und unreine Hülle (wie die mystische Literatur der indischen und buddhistischen Schulen nicht müde wurde zu wiederholen und den Gemütern eine strenge Verachtung der Welt einzuflößen), sondern ein heiliges Instrument, durch das sich der Mensch, wenn er sich seiner richtig zu bedienen weiß, retten kann.

Der Körper empfing in den gnostischen Schulen eine andere Bewertung. Ohne einen gesunden Körper konnte Hathayoga nicht geübt werden. Es ist ein sicheres Mittel zur baldigen Rettung, ein Schnellweg, auf dem gewaltsam (hatha) der Übergang von der samsarischen Ebene auf die Nirwana-Ebene erfolgt. »Ohne den Körper erreicht der Mensch keinerlei Ergebnis« (Rudrayamala I, V. 160).

»Wie könnte es Seligkeit geben, gäbe es keinen Körper?« (Hevajaratantra 24a). »Ein unkörperliches Wesen wohnt dem Körper inne. Wer sich darüber Rechenschaft ablegt, ist befreit« (Saraha Doha, 13).

»Der Körper gleicht einer Barke, der der geläuterte Geist als Ruder dient, damit der Mensch an das andere Ufer des Daseins kommt. Tue so, daß die fünf Buddhas zu fünf Rudern werden und strenge dich an, um die Segel der Illusion zu zerreißen« (Kanha Doha, 38).

So stehen die beiden Welten, die Physis und der Geist, nicht unwiderruflich gegeneinander, vielmehr wirken sie unzertrennlich zusammen für die Erlösung der lebendigen Einheit des Individuums.

Dies ist eines der wesentlichsten Motive der indischen Erfahrung. Die einmal vollzogene Reintegration ist eine positive Tatsache, von der es kein Abrücken mehr gibt. So kehrt Bodhisattva nicht mehr zurück, wenn er avinivarttaniya geworden ist, d. h. wenn er im zehnten Stadium seines geistigen Aufstiegs, den er zurücklegen muß, die achte Erde erreicht hat. Er ist geheilt, hat seine Psyche in endgültiger Weise überwältigt. Er kann nicht zu ihrer Unruhe zurückkehren als Opfer der eigenen Leidenschaften und Sklave des Karma.

Wenn der gleiche Bodhisattva die Erleuchtung erlangt, zum Buddha wird und in das Nirwana eingeht, ist er nirvrta. Das bedeutet, daß die Anwesenheit der Psyche für immer beendet ist. Er ist auf der anderen Ebene, auf der Ebene des Unbedingten, das avidya, maya und karma übersteigt. Der Tod hilft nicht zur Erlangung dieses Mitbewußtseins, das die wesentliche Bedingung der Palingenesie ist. Der Tod ist parinirvana, das absolute Nirwana, weil es für den Gestorbenen keine Möglichkeit gibt, sich in einen neuen Körper zu versetzen, der aufgrund seiner Existenz, in sich die karmischen Erfahrungen der Vergangenheit ansammelte, die, unverletzlich, durch eben diesen Reifungsprozeß aufgelöst und beseitigt werden.

Nach dem Sprung auf die andere Ebene zeigt parinirvana das absolute Ende des karmischen Prozesses an. Jeder Projek-

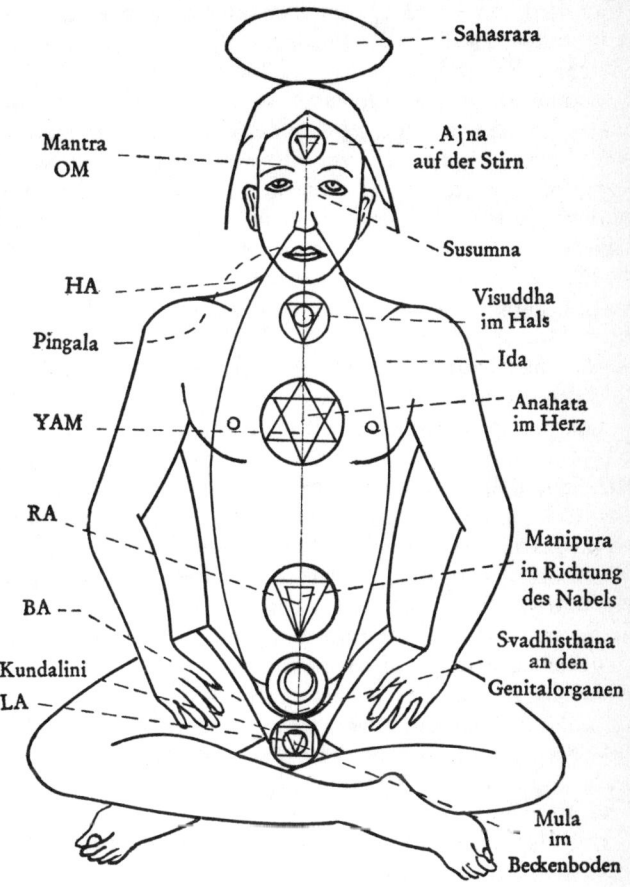

Sahasrara

Mantra
OM

Ajna
auf der Stirn

Susumna

HA

Visuddha
im Hals

Pingala

Ida

YAM

Anahata
im Herz

RA

Manipura
in Richtung
des Nabels

BA

Svadhisthana
an den
Genitalorganen

Kundalini
LA

Mula
im
Beckenboden

tion auf der samsarischen Ebene ist Halt geboten. Nichts kann mehr dem zugefügt werden, was als absolute Bedingung keine Ergänzungen oder Änderungen zuläßt. So behauptet es auch die Shiva-Schule.

Doch wie vermag ich als zerbrechliches Geschöpf, das der Zeit verfallen ist und von einem Augenblick zum anderen hinfällig wird, in mir selber geschrieben und gezeichnet ein Schema zu erblicken, das das ewige Fließen der Dinge wiedergibt? Und wie kann ich in mir vor allem das Licht finden, das ich suche? Wie kann ich in ihm aufgehen? An dieser Stelle ist es angebracht, an die leibseelische Lehre des Hathayoga zu erinnern. Dieser stellt sich den Leib vor, als wäre er von zahllosen Kanälen (nadi) durchzogen, unter denen drei vorherrschende Bedeutung haben: ida oder lalana links, pingala oder rasana rechts, sowie candali oder avadhuti oder sushumna in der Mitte. Die beiden ersteren durchläuft prana, die vitale Energie, die üblicherweise mit dem Hauch oder dem Atem identifiziert wird. Das ist die Bahn, die citta durchläuft, das Prinzip der sensorischen Tätigkeit des Gefühlslebens und Fassungsvermögens der Psyche.

Von prana in diese beiden Kanäle mitgerissen, ist citta immer aktiv und wachsam. Es stellt unseren Kontakt zur Außenwelt her, läßt uns ihre Stimme vernehmen, übermittelt uns Eindrücke und reagiert auf tausenderlei Weise. Es spinnt das Netz, das uns in äußere Dinge verwickelt, und neigt dazu, uns außerhalb unserer selbst zu führen. Ziel des Yoga ist, das ruhlose und schwankende citta aus den beiden Venen, die von der linken und rechten Nüster ausgehen und im Unterleib zusammenfließen, in die candali einmünden zu lassen, in den mittleren Kanal, von dem angenommen wird, daß er längs der Wirbelsäule vom Unterleib bis zu brahmarandhra, der Pfeilnaht verläuft. In der candali ist gegenwärtig oder spiegelt sich wider das kosmische Bwußtsein, das Erstprinzip, die Erleuchtung, der wesenhafte bodhi.

Der Hathayoga bringt die Citta-Bewegung gewaltsam zum Stehen (hatha). In der candali bleibt citta unbeweglich und entzündet sich. Von diesem Feuer geht die Erleuchtung aus. Das Bewußtsein wird reintegriert. Diese Reintegration vollzieht sich in drei verschiedenen Phasen. Nach dem Buddhismus stehen sie in Beziehung zu drei Rädern (cakras), die sich in verschiedenen Teilen des Körpers befinden und mit den drei Körpern von Buddha in Analogie gebracht werden. Citta läuter sich nach und nach, stellt jede Tätigkeit ein, bis es in die höchste Seligkeit des sahaja versinkt, des in uns immanenten Einen.

In den Shiva-Schulen ist der Weg der Reintegration länger, doch im wesentlichen der gleiche. Die »Räder«, die citta in seinem Aufstieg zum Ursprünglichen durchlaufen muß, sind nicht mehr drei sondern fünf. Sahasrara oder ushnishakamala, die »tausendblättrige Lotusblüte« am Kopfscheitel, ist der ursprüngliche Androgyn, das Absolute außerhalb von Zeit und Raum. Deswegen zählt es nicht zu den »Rädern«. Es ist die andere Ebene. Eine aktive Kraft regiert diese wechselvolle und ewige Bewegung der Hinabkunft und Ausdehnung des Einen zum Allen und umgekehrt der Rückkehr, des Aufstiegs von Allem zum Einen. Das ist upaya, das »Mittel«, die erforderliche Tätigkeit, das »Mitleid« (karuna) der buddhistischen Schulen und in den Shiva-Schulen die sakti. Es hängt davon ab, ob die eine oder andere Schule mehr das Männliche oder mehr das Weibliche des Androgynen, des Unerschaffenen, betont.

Die ursprüngliche Einheit, die sich durch einen inneren Impuls gezwungen sieht, sich zu vervielfältigen, teilt sich in zwei. Es ist das umgestülpte Dreieck, Symbol der Macht (sakti), die unzertrennlich mit dem Absoluten verbunden ist, aber den Eindruck einer Trennung von ihm erweckt, um die Welt zu schaffen. Diese Macht handelt bis zur äußersten Grenze der candali: dort schläft sie ein, ringelt sich wie eine Schlange zusammen und schließt den Kanal, in den das individuelle Prinzip eintreten soll, um das befreiende Mitbewußtsein zu erlangen und so den Weg der Rückkehr zum Einen und die Auflösung in ihm zu vollziehen. An dieser Stelle erinnern wir an das, was wir früher von den fünf Aspekten des Shiva und dem Hervortreten der Mayakräfte sagten. Das untere Ende der candali zeigt den zweiten Sprung an, der sich während des Prozesses der Evolution ereignet. Der erste hatte bereits stattgefunden, als sich auf der unbeweglichen Oberfläche des Absoluten das erste Vibrieren zeigte, das zur Widerspiegelung des Unsichtbaren führte – das Eine in der Fünffalt. Diese Färbungen – wenn dieser Ausdruck für etwas verwandt werden kann, was außerhalb des Raums liegt – bleiben auf der gleichen Ebene. Das Hereinbrechen der Maya ist der zweite Sprung.

Mit ihm beginnt die Individuation. Es kommt dann zum Aufstand der individuellen Seele (purusha) und des psycho-physischen Gefüges (prakrti), der die Objektivität und Dualität verdunkelt und irreleitet. An dieser Grenze liegt die kundalini, die sakti, die in der unteren Öffnung der candali schläft.

Der Brustkorb schließt die fünf Räder ein, die Archetypen, über denen sich die tausendblättrige Lotusblüte erhebt. Unter kundalini entsteht die Vermehrung der Dualität als immer stärkere Verdunkelung des Bewußtseins, das sich nicht mehr in den Dingen erkennt und sich keine Rechenschaft darüber ablegt, daß diese nur Widerspiegelungen sind, die es stören und in die Illusion eines Nicht-Ich fallen lassen. Also ist sakti eine ursprünglich aktive und intelligente Macht. Die cit-sakti von Shiva, das urhafte Weib, ist nicht mehr durch das eigne Licht erleuchtet. Im Schlaf versunken und unbeweglich, sperrt es den Weg der Rückkehr ab. Diese intelligente, aber nunmehr trübe und schläfrige Macht ist nicht mehr in der Lage, sich selbst zu finden und zum eignen Sitz hinaufzusteigen, um in der unterschiedslosen Koexistenz mit Shiva aufzugehen. Die in Schlaf versunkene kundalini zeigt den Stillstand an, den Augenblick der Trennung zwischen den beiden Ebenen. Hier beginnt der Zustand der Wachsamkeit (jagrat), unserer Wachsamkeit, wenn sich die Psyche mit der Welt vereinigt und diese letztere uns durch deren Vermittlung lockt und anzieht. Doch unsere Wachsamkeit ist der Schlaf der göttlichen Intelligenz, ihre Einschläferung. Hathayoga muß das Erwachen bewirken. Die kundalini, nunmehr erwacht aus ihrer Starrheit, erkennt sich selbst und strebt nach Wiederaufbau des Urhaft-Androgynen. Sie wird daher durch ein Dreieck mit der Spitze nach oben dargestellt. Es ist der Aufstieg, der sich langsam vollzieht, ein Rad nach dem anderen hindurch, bis zum sahasrara, der tausendblättrigen Lotusblüte. Jedes Rad bedeutet eine neue Steigerung des Bewußtseins. Es ist eine der fünf sakti, die sich erleuchtet. Nach der fünften Stufe gehen alle fünf in der einen sakti auf, die sie alle einschließt. Sie wird auf diese Weise reintegriert und erhebt sich zum sahasrara, wiederhergestellt in der transzendentalen Einheit.

In dieser Intuition des Hathayoga, in der imaginären Palingenesie des Eingeweihten, der zum mystischen Mandala wird, in dem sich das Weltgeschehen wiederholt, strömen auf diese Weise die ältesten Erfahrungen Indiens zusammen, die immer bestrebt sind, primitive kosmische Gleichwertigkeiten in psychische Beziehungen umzusetzen.

Der Rg-Veda kennt die Dreiteilung der Welt: bhur, bhuvah svah, Erde, atmosphärischer Raum, Himmel. Sie sind durch die drei entsprechenden Wörter geschaffen, durch die mit Hilfe von vac, dem Wort, ausgesprochenen Laute. Doch diese Dreiteilung verwandelt sich bald in eine vierteilige Serie, da sich jenseits des Himmels (svarga) der leuchtende Raum befindet, an dessen Kuppel sich das göttliche Auge anlehnt, die Sonne. In gleicher Weise stellten sich, wie wir gesehen haben, die zentral-asiatischen Nomaden die Welt als Zelt vor. Durch die Öffnung in der Mitte, auf die sich die Weltachse stützt, strömt Licht aus dem siderischen Raum, dem Raum oberhalb der Atmosphäre.

Dieser Raum ist die Grenze zwischen dem, was Form hat und dem, was formlos ist, zwischen dem, was dem Zeitlauf unterliegt und dem, was außerhalb der Zeit liegt. Es ist der Brahman Indiens, die Bhutakoti der buddhistischen Kosmologie, der Gipfel alles dessen, was existiert. Darüber hinaus ist dharmaka,a, der Leib der unendlichen Potenzialität, das asamskrta, der unwandelbare Grund des sich Wandelnden, die drei Viertel des kosmischen Pfeils oder Baumes, von dem nur ein Viertel die Welt der Dinge darstellt, während drei Viertel unbeweglich in ihrer Starrheit verharren, auf die sich alles stützt und von der alles ausgeht, der unveränderliche sechzehnte Teil des Mondes, die Totalität der Dinge in ihrer Unwandelbarkeit als Archetypus. Nach Auffassung einiger späterer Erkenntnisschulen geht auf den sechzehnten Teil (tithi) des Mondes, der unbeweglich bleibt, die Ursache des Phänomens des Mondwechsels zurück. Es wird als Symbol des fortwährenden Entfaltens und Rückziehens der göttlichen Mächte, der sakti, im wechselvollen Spiel der kosmischen Evolution und Involution gedeutet.

Der Makrokosmos wird dem Mikrokosmos gleichgestellt, der als Synthese des Universums erscheint. Den Begriffen bhur, bhuvah svarga, Erde, Atmosphäre, Himmel entsprechen drei Zentren. Das Bewußtsein steigt nach und nach von einem zum anderen hinauf und findet so seine ursprüngliche Einheit: Geschlecht, Herz, Gehirn und am Kopfscheitel brahmarandhra, die Öffnung von Brahma, durch die sich der Sprung in die andere Sphäre vollzieht, in die Sphäre von Brahma.

Wenn wir diese Dreifalt in die Welt des Bewußtseins übertragen, erhält sie einen neuen und komplizierten Wert. Den ersten drei Aspekten entsprechen: der Wachzustand (jagrat), bei dem das Bewußtsein durch das Erlebnis der Umwelt abgelenkt wird; der Schlafzustand (svapna), bei dem es nicht mehr durch äußere Eindrücke, sondern durch Bilder beunruhigt wird, und schließlich der Zustand des Tiefschlafs (sushupti), bei dem jeder Eindruck eingedämpft ist und darauf wartet, wirksam zu werden, wenn der unbeschwerte Zustand aufhört.

Doch über diesen drei Zuständen erhebt sich turiya, der vierte Zustand, das in seiner Reinheit reintegrierte Bewußtsein

Erschaffung des Wortes drei Laute	Makrokosmos Brahman	Mikrokosmos brahmarandhra	psychische Zustände turiya	bhut-
svah-	svah	Gehirn	sushupti	akoti
bhuvah	bhuvah	Herz	svapna	
bhur	bhur	Geschlecht	jagrat	

Der gleiche vierfache Prozeß des Einen zum Vielen und – umgekehrt – der Rückkehr vom Vielen zum Einen wird in den Shiva-Schulen dem Ausdruck der Idee durch das Wort angepaßt. Dieser Prozeß, lehrt Abhinavagupta, vollzieht sich in vier Phasen, in deren Verlauf das absolute und gedankenfreie Bewußtsein sich einer besonderen konkreten Idee einverleibt, die durch ein entsprechendes Wort ausgedrückt wird. Als para (erhaben) ist dieses Bewußtsein höchstes Bewußt-Sein, absolute Potenzialität, die jeder Verdoppelung vorangeht. So enthält in uns selbst der Laut (nada) als absolute unbewegliche Potenz unendliche Tonübergänge der einzelnen Laute, die, von der Idee angetrieben, nach und nach in ihm entstehen müssen wie die Wellen auf dem im Wind bewegten Meeresspiegel. In der zweiten Phase genannt pasyanti (das Seherische) zeichnen sich auf der gedankenfreien heiteren Unbeweglichkeit die Bilder der Archetypen ab. Sie haben sich vom Hintergrund noch nicht getrennt, erscheinen vielmehr auf ihm wie feine Andeutungen künftiger Hinneigung. In gleicher

Weise vibriert der undeutliche Laut, angeregt von der Idee, als würde er durch einen unterirdischen Impuls dazu veranlaßt, sich auszudrücken.

Die vierte Phase heißt madhyama (die dazwischenliegende). Die Archetypen streben jetzt nach Verwirklichung ebenso wie die Idee den Laut dazu drängt, sich in dem einen oder anderen Wort zu artikulieren. In der letzten Phase, vaikhari, hat sich der Archetypus konkret individualisiert. Der Laut drückt durch ein geeignetes Wort die Idee aus. Findet das gleiche vierfache Schema – von oben nach unten gelesen – eine Widerspiegelung im Prozeß, der von der Idee zur Stimme führt, so entspricht es bei umgekehrter Lesart dem Prozeß der Reintegration. Auf Grund dieser Modelle haben die indischen Schulen verschiedene Varianten ausgearbeitet. Dabei kam es ihnen darauf an, die veränderliche Symbolik des gleichen Motivs verständlicher zu machen und auf diese Weise den Geschöpfen zu helfen, jenes Mittel zu finden, das gemäß ihrer Intelligenz und geistigen Reife am geeignetesten sei, um rasch und bequem – durch Meditation darüber – das Abrücken zu ermöglichen.

Die Buddhisten des Großen Pfades übersetzten die gleiche Intuition in ihre eigene Terminologie und paßten sie ihrem System an. Es darf natürlich nie vergessen werden, daß es sich bei solchen Gefügen um keine Frucht philosophischer Spekulationen handelt, sondern um den Ausdruck einer Heilssehnsucht. Sie definieren das Werden, um es überwinden zu können. Man will es erkennen, um es zu beseitigen. Asanga fand drei Aspekte des Seins: den illusorischen Aspekt, d. h. den Schein des Seins, der sich in der Dualität (parikalpita) objektiviert. Seine Erscheinungsformen sind an und für sich nicht existent, doch sind sie bedingt, voneinander abhängig und relativ (paratantra). Der eine wie der andere Aspekt verschwinden im absoluten Augenblick (pantinishpanna), der die beiden Begrenzungen bedingt und zugleich über sie hinausweist zur absoluten, unbeweglichen, empfindungslosen Potenz hin.

So wie die Yoga-Schulen dem Zustand des tiefen Schlafs (sushupti) einen vierten Zustand, turiya, überordnen, stellen sich die Gnosis-Schulen über die drei erwähnten Aspekte hinaus einen weiteren, ferneren Zustand des Seins vor. Für sie sind alle diese Phasen, »die Leere«, doch setzen sie eine Abstufung der »Leere« (sunya) fest. Diese Leere unterliegt ihrer

Meinung nach verschiedenen Bewertungen. Während alles, was wird und relativ ist, leer ist, weil es der Existenz entbehrt, ist die äußerste Leere die absolute Leere, insofern als sie sich jeder logischen Definition entzieht. Für diese Schulen gibt es demnach:

1. die Leere (sunya) als Relativität (paratantra)'
2. die Überleere (atisunya) als illusorischer Schein (parikalpita);
3. die große Leere (mahasunya-parinishpanna) als Bedingung und Voraussetzung der beiden vorangehenden;
4. die absolute Leere (sarvasunya) als universal leuchtendes Bewußtsein, vajradhara.

Wenn wir dieses Schema so lesen, als stünde es gleichsam auf dem Kopf, d. h. von der letzten Stufe hinauf zu der ersten, dann haben wir vor uns einen Prozeß der Expansion. Die absolute Leere ist die Bewußtseinsessenz. Nicht-Dualität, Zusammenklang von Sein und Denken, von Nirwana und samsara, das Sein an sich, das sich durch kein Prädikat kennzeichnen läßt. Die große Leere ist avidya und maya, das Denken als solches, das die Möglichkeiten aller konkreten Gedanken einschließt, Prägeform aller Archetypen, die ihr als Potenzialitäten innewohnen, noch unbeweglich, ununterschiedlich und untrennbar mit dieser Prägeform verbunden. Diese große Leere verwirklicht sich durch die beiden Pole der Illusion (parikalpita) und der Relativität (paratantra). Sie können beide Mittel des Heils sein, weil »der gleiche Gedanke, durch den Unwissende mit samsara verbunden sind, kann für die Asketen zum Mittel werden, den Buddha-Zustand zu erreichen« (Pancakrama S. 37, V. 11). Die Shakta-Schulen vertreten den gleichen Standpunkt, wenn sie behaupten, daß die Mahamaya bivalent sei, weil sie zugleich vidya und avidya ist. Als vidya ist sie Ursprung der Befreiung, als avidya ist sie samsara (Saktanandatarangini, S. 20).

Andere Lehrsysteme verstehen unter diesen vier Phasen verschiedene Intensitätsgrade der Seligkeit (ananda), weil die Reintegration als Vereinigung, als schöpferischer Akt konzepiert wird. Es ist der Weg, den der urdhvaretas zurücklegt, derjenige, der, wie wir sehen werden, den Samen an seinen Ursprung im Urhaft-Androgynen zurückgibt. Diesem Augenblick entspricht das Aufkommen des ununterschiedlich Absoluten in vier Aspekten, die die vier Körper von Buddha versinnbildlichen: der illusorische Leib (nirmana), der mitgenießende Leib (sambhoga), der Leib der unendlichen Potenzialität (dharma-kaya), der Leib (sahaja), dem sich die vier Ebenen der Realität anpassen, der physischen, verbalen, geistigen und der Erkenntnisebene (kaya, vay, citta, jnana).

Dieser ganze Prozeß ist in uns selbst in geheimnisvoller Weise gegenwärtig, und offenbart sich in einem, die Augen des Eingeweihten blendenden Glanz. In mir selbst erfüllt sich die ewige Erfahrung, in mir sind alle Welten, in mir der erhabene Ruhm von Buddha. Sie sind stufenweise angeordnet in den verschiedenen Teilen meines Körpers, die in mystischer Weise den verschiedenen Phasen des universellen Ausdehnens und In-sich-Zurückgehens entsprechen.

Die Aktivität der Psyche vollzieht sich in zwei zusammenhängenden, doch unterschiedlichen Vorgängen des Atmens (prana) und des Denkens (citta). Sie setzt eine Zweiteilung der Kräfte voraus, die, wenn sie unabhängig voneinander wirken, das Werk der Psyche, also des Karmas und demnach der Desintegration fortsetzen. Wenn hingegen die Bewegung in den beiden Seitenkanälen (ida und pingala) zum Stehen kommt und der Gedanke in die candali geleitet wird, ergibt sich aus dieser Annäherung die Geburt des neuen Menschen, des ewigen Embryo. Das Ganze geschieht entsprechend dem Symbol der Schlange ouroboros. Von Vajradhara zu Vajradhara durch einen Prozeß hindurch, der von der Desintegration zur Reintegration führt. Als Anfangsprinzip ist Vajradhara Erleuchtung (bodhi), Wahrheit und Selbsterkenntnis, zugleich aber auch ein Erdpunkt nach der kosmischen Expansion. Diese Erleuchtung teilt sich in zwei: in prajna und upaya, in höhere Erkenntnis und das Mittel hierzu in ein intuitives und zugleich aktives Element, in Mond und Sonne, Weib und Mann, Mutter und Vater, so wie in der Symbolik des buddhistischen Großen Pfades oder in den Shiva-Schulen, Gott begleitet von seiner Gefährtin dargestellt wird. Eine weitere Teilung findet in ali Vokalserie und kali Serie der Konsonanten, in weibliches Ei (rakta) und männlicher Same (sukla) statt, deren Vereinigung das Embryo, den wiedergeborenen Vajradhara hervorbringt.

Es ist eine Zweiteilung, die auf den entgegengesetzten Wegen der beiden Kanäle erfolgt – der eine rechts, der andere links –. Diese führen sozusagen die Objektivierung der Welt des Scheins fort, die Scheidung des Erstprinzips in der Dualität. Die spontane Teilung des Einen, die es in Vielfalt erscheinen läßt, als hätte es eine Form, während es jede Form transzendiert, wird durch das individuelle Denken begünstigt, das, wie wir gesehen haben, von prana hervorgebracht wird und durch das Spiel subjektiver Bilder die stets sich erneuernde Illusion entwickelt und intensiviert. Nun wird die Yoga-Technik zur Hilfe gerufen, die dem individuellen und individualisierenden Denken Halt gebieten soll. Dieser Halt verursacht nicht nur die Untätigkeit des prana in den beiden rechten und linken Kanälen, sondern führt auch das der Unruhe entrissene Denken der candali entgegen, dorthin, wo das Licht des Absoluten leuchtet, in dessen Feuer es verbrennt. Wie immer ist dieser Prozeß doppelseitig: Der Strom subjektiver Bilder, den der Shivaismus intellektuelle Unwissenheit nennt, ist zum Stehen gebracht, dem hauptsächlichen Förderer der Dualität Halt geboten. Doch dieses negative Ergebnis wird von einem positiven begleitet, von der Reintegration des Vajrasattva oder Vajradhara, der unzertrennbaren Einheit der höchsten Seligkeit (mahasukha), der Rückkehr nach der Erfahrung in der in ihrer Vielschichtigkeit entfalteten Welt zur absoluten Identität, die durch die Überwindung der Dualität erreicht wird.

Diese Einheit ist bodhicitta, die Erleuchtung, der logos spermaticos, der in sich unzertrennlich höhere Erkenntnis und Praxis (prajna und upaya), oder Leere (sunya) und Mitleid (karuna) vereint.

Da der universale Prozeß auf den Mikrokosmos übertragen wird, fügt sich hier die sexuelle Symbolik in das System ein. Dieses bodhicitta, das Absolute, das durch die Vereinigung seiner beiden Aspekte integriert werden muß, ist bindu, der Tropfen, d. h. das durch die Vereinigung vom weiblichen Ei (rakta) mit dem männlichen Samen (sukla) entstandene Embryo, prajna und upaya, höhere Erkenntnis und Praxis, von neuem in die ursprüngliche Einheit reintegriert. Doch bindu ist in Wirklichkeit noch weit mehr. Es ist die absolute, unendliche, unbegrenzte Schöpferkraft, die dem Einen und uns innewohnt.

Die Symbolik, die den Eingeweihten der totalen Verwirklichung seiner Verwandlung entgegenführt, wird kompliziert und unterschiedlich. In einigen Schulen ist sie nur alphabetisch,

d. h. sie gründet sich auf das mantra, auf Formeln, die in ihren Silben die geheimnisvolle Essenz der geistigen Ebene oder einer psychologischen Kraft einschließen. Der Tropfen oder der Punkt (bindu) ist nach dieser Auffassung anusvara, der Laut m wie in der Silbe om. In diesem Falle drückt sich der Prozeß der kosmischen Expansion in Lauten aus, die in verschiedener Zusammensetzung das Wirken göttlicher Kräfte wiedergeben, durch das das Eine vervielfältigt wird.

Im vorliegenden Falle ist der Punkt das anusvara über der Silbe

$$\text{hum} = \frac{h + u}{m}$$

d. h. Konsonante (gleich Mittel) plus Vokale (gleich höhere Erkenntnis) ergeben den Punkt, d. h. bodhi, den mystischen Samen von Vajradhara, die unendliche Potenzialität, das All.

Nach anderer Auffassung – so auch im Hinblick auf die Yogaübung – entsteht aus der Verbindung der höheren Erkenntnis mit den Mitteln, die die beiden Kanäle ida und pingala darstellen, in der candali das Ei der Reintegration der ursprünglichen Identität – über die flüchtige Illusion des individuellen Gedankens hinaus.

Dieses Ei ist das Bewußtsein, das in jedem Augenblick in der candali wie ein blendendes Licht aufleuchtet, um sogleich wieder zu erlöschen, und zwar am äußersten Ende des Kanals, der am Kopfscheitel einmündet, auf der Ebene des Nirwana, jenseits von allem illusorischen Schein des Werdens. Diese Symbolik kann gefährlich werden. Mitunter wird sie, so, wie es scheint, im Tibet nach der Verfolgung von Landarma († 892) und von einigen Tantra-Schulen buchstäblich genommen.

Die candali oder mudra oder sakti ist fast immer ein sechzehnjähriges Mädchen, das in der Mitte des Mandala die sakti darstellt, den schöpferischen Augenblick, den weiblichen Aspekt der ursprünglichen Einheit. Die Verwendung der kumari (einer Jungfrau als Symbol göttlicher Macht) fand erfolgreiche Verbreitung in der Shakta-Sekte. Daraus entstanden verschiedene Abarten, die jedoch auf den kritischen Widerstand der orthodoxen Schulen stießen. Diese Symbolik ist zweifellos reichlich kühn. Es war ein Leichtes, die Anweisungen der esoterischen Liturgie wörtlich zu nehmen, die – nicht zuletzt gerade um die Nicht-Eingeweihten fernzuhalten – willentlich obszöne Elemente enthalten.

Dies ist bei einigen Strömungen des späten Buddhismus der Fall gewesen, so insbesondere in Bengalen. Ich denke dabei vor allem an gewisse, Sahajiya genannte Sekten – allerdings sind es nicht alle – und an einige indische Schulen, die von den Verfallserscheinungen berührt wurden, die für die Esoterik des Adamantinischen Pfades kennzeichnend waren. Alle menschlichen Einrichtungen sind für Korruption anfällig. Dieses Risiko mußten um so eher solche Schulen tragen, die sich eine so kühne Symbolik zu eigen machten. Sie nahmen Zuflucht zu sexuellen Bildern, um ihre mystischen Bestrebungen zum Ausdruck zu bringen. Doch hat es nicht viel Sinn, sich bei solchen Verfallserscheinungen lange aufzuhalten. Wesentlich ist vielmehr, den Ideen auf den Grund zu kommen, die in dieser Beziehung die maßgebenden Meister bewegten. So müssen wir feststellen, daß – obwohl die Symbole gefährlich waren – die Yoga-Übenden weit davon entfernt waren, sie buchstäblich zu nehmen. Die Reintegration von Vajradhara vollzieht sich zwar nicht anders wie die Geburt des Menschen aus der Vereinigung des männlichen Samens mit dem weiblichen Ei, doch bei einem liturgischen Mandala-Ritus, der die Anwesenheit einer Frau erfordert, wird der sexuelle Akt nicht bis zu seinen natürlichen Konsequenzen ausgeführt. Er untersteht weitgehend der Kontrolle des prana, so daß der Same, statt hinabzusteigen, sich in umgekehrter Richtung bewegt. Er steigt zum »Tausendblättrigen Lotus« hinauf, zum Kopfscheitel, um sich in der noch nicht erschaffenen Quelle des Alls aufzulösen.

Wie dies möglich ist, wird sowohl in einigen Schriften des Hathayoga wie auch in denen von Sahajiya erklärt. Es ist eine äußerst subtile Technik, die sich hauptsächlich der Kontrolle des Atems bedient. Er wird des längeren gewaltsam in dem kumbhaka genannten Augenblick angehalten. Auf diese Weise kommt es zur Verstopfung der Samenwege, über die der Yoga-Schüler ebenso Macht bekommt wie über die Muskeln, die sich sonst unserer bewußten Kontrolle entziehen.

Auch in diesem Fall setzen die Meister der Tantra-Erkenntnis die ältesten indischen Traditionen fort und knüpfen an die Erfahrungen jener Yoga-Schulen an, aus denen alle asketischen Strömungen Indiens Nahrung erhielten und die seit der Zeit der Upanishaden die Praxis des urdhvaretas, desjenigen kennen, »der es versteht, den Samen nach oben zu leiten« (Maitri-up, 4. 33; Mahanarayani-up, 12. 1).

In diesem Punkt sind die buddhistischen Meister sehr unmißverständlich: »Laß das bodhicitta (Subhashita, S. 77) nicht stürzen«. Bodhicitta ist hier, wie in den esoterischen Texten, im Sinne von Samen zu verstehen. »weil« – wird hinzugefügt – »der Sturz des Samens das Ende der Leidenschaft verursacht und das Ende der Leidenschaft Grund ist für den Schmerz«. Und Leidenschaft bedeutet hier das Verlangen nach Befreiung (moksha) und Mitleid (gemäß dem Vorsatz von Bodhisattva, die Geschöpfe dem Nirwana entgegenzuführen) mit denjenigen, die durch die Samsara-Ströme rastlos dem Abgrund des Leids entgegengetrieben werden. Daher will dieser Satz auch heißen, es dürfe sich niemand mit dem flüchtigen Augenblick begnügen, sondern die andauernde Reintegration anstreben.

Mitleid und höhere Erkenntnis sind die beiden Pole, zwischen denen sich der Prozeß der Reintegration oder der Rückkehr vollzieht und sich der Zyklus zwischen bodhivitta-Ursache und bodhicitta-Wirkung schließt, wenn die Erfahrung der sichtbaren Erscheinungen aufhört.

Ist der Schüler unfähig, sich durch das Zusammengehen von Mitleid und höherer Erkenntnis zum Einen, zu Vajradhara durchzuringen, dann treten die beiden Pole von bodhicitta aus dem Kreis heraus und steigen zur objektivierten Welt hinunter, auf die Ebene der Dualität. Das bedeutet »den Sturz des Samens«.

Wenn das Mandala auf den Körper übertragen wird, ist die Anwesenheit der Shakti durch die candali selbst gegeben, die sozusagen den Pfeiler der Yoga-Übung darstellt, den geheimnisvollen Kanal, in dem das reine Licht des Seins leuchtet.

Die Idee der ursprünglichen Einheit und ihrer nachfolgenden Auflösung, durch die wiederum das Verlangen aufsteigt, den anfänglichen Zustand erneut zu erlangen, bildet die Grundlage der religiösen und geheimen Intuition Indiens. Ein Androgyn ist auch der vedische Burusha.

Prajapati – so erzählt die Brhadaranyaka-Upanishad (I, IV, 3) – war am Anfang der Schöpfung über die eigene Einsamkeit erschrocken. Im Bewußtsein, daß außer ihm niemand da war, überzeugte er sich, daß kein Grund vorlag, jemanden zu fürchten. »Er empfand keine Freude. Niemand, der allein ist, empfindet Freude. Er wünschte sich einen anderen. Er befand sich im gleichen Zustand wie Eheleute im Augenblick der gegenseitigen Umarmung.«

Er teilte sich in zwei. So entstanden Ehemann und Ehefrau. Und jeder war nur ein Teil seiner selbst wie eine in zwei geteilte Erbse. Die Leere ist durch die Frau ausgefüllt. Er näherte sich ihr. Und so kamen die Menschen zur Welt.

Diese Idee klärt sich mit der Zeit mehr und mehr und drückt sich in immer neuen Symbolen aus. Sie bleibt aber durch Jahrhunderte hindurch der tragende Pfeiler des mystischen Geistesguts Indiens. Wir finden eine Spur davon im ersten Kapitel von Guhyasamaja, als Vajradhara aus eignem Körper die Gefährtin schafft. Vielleicht waren es die Buddhisten, die als erste die Heilslehre hervorbrachten, in der das männlich-weibliche Prinzip eine beherrschende Rolle spielt. Das geschah, indem sie klar die These von der Dualität des erleuchtenden Denkens formulierten, geteilt in höhere Erkenntnis und Mittel, wiedererrichtet in der Einheit des Punkts (bindu). Die hintergründige Zweiheit des Seins, die jeder von uns im Tiefsten seines Wesens spürt und die sich in der Lebenserfahrung widerspiegelt als doppelte Polarität von Intelligenz und Psyche, Gott und Natur, Sein und Werden, ist Gegenstand komplizierter Systeme, in denen sie diskutiert und definiert wird. Sie wird ebenfalls in eine Liturgie projiziert, die, wie wir gesehen haben, sich vornimmt, mit Hilfe der Symbolik der Vereinigung von Mann und Frau das Drama des Universums wiederzugeben. Die Zweiteilung des Seins in höhere Erkenntnis und Mittel wiederholt sich in gleicher Weise im Shivaismus, in dem saktiman, die sakti, die Macht besitzt. Unteilbare Einheit, die sich, indem sie aus dem Ruhezustand zur Aktivität übergeht, in der unendlichen Vielheit entfaltet.

Die gleiche Konzeption findet sich auch in den Vishnu-Schulen. Sie suchen in der Liebespsychologie den Widerschein des universellen Dramas. Das absolute Prinzip – behaupten sie – ist zugleich transzendental und immanent; transzendent wie Brahman, immanent wie Paramatman, die innere Realität jedes Geschöpfs. Wie Bhagavan – der in einer den Menschen zugänglichen Form offenbarte Geist – wird dieses Prinzip zum wissenden Selbst-Bewußtsein und damit zur Ursache des Verfalls von Zeit und Raum.

Es kommt im Symbol von Krishna zum Ausdruck und weist drei Aspekte oder Potenzen auf: Svarupasakti, die essentielle Natur; jivasakti, die individuelle Kraft; die sich in den Kreaturen vervielfältigt; mayasakti, die magische Macht, derzufolge sie sich in ihrem anderen Selbst, d. h. in der physischen Welt entwickelt. Seine essentielle Natur ist ebenfalls dreifacher Art, entsprechend den drei Grundbegriffen der indischen Theologie: Sein (sat), Bewußtsein (cit), Seligkeit (ananda)*. Diese drei Aspekte wechseln sich ab und agieren durch drei Kräfte: durch Koexistenz (sandhini), Bewußtsein (samvit) und Freude (hladini). Die »freudige« Macht spielt eine beherrschende Rolle in der Vishnu-Weltlehre und stellt die Vishnu-Deutung der buddhistischen mudha und der sakti der Shiva-Schulen dar, die weibliche Seite Gottes, projiziert in das Symbol von Radha. Es handelt sich um das Werkzeug göttlicher Schöpfungen, um den objektivierten Gott. Gott ist Subjekt, dem anderen zustrebend im Liebesantrieb, der die ursprüngliche Einheit wiederherstellt.

Wenn die Bhagavatapuranas und die aus ihnen hervorgegangene Literatur die Liebe von Radha und Krishna angesichts ihrer Jugendgespielinnen oft in sehr drastischer Weise beschreiben, entnehmen die Vishnu-Anhänger diesen Seiten das Drama des menschlichen Gemüts, das, von Gott entfernt, sich in der Leidenschaft für den göttlichen Liebhaber entzündet und danach sehnt, mit ihm in der Ekstase der höchsten Begegnung sich zu vereinigen. Die großen Vishnu-Heiligen wie Caitanya glauben in sich selbst diesen Zustand von Radhabhava, die Natur von Radha zu verwirklichen, die in der unfaßbaren Erfahrung der göttlichen Vereinigung besteht. Dem größten Teil der Gläubigen ist nur sakhibhava vorbehalten, die Gemütsverfassung der Begleiterinnen, die nach der Legende die göttliche Begegnung erleichtern, indem sie als Botinnen zwischen den Geliebten auftreten und an der Seligkeit ihrer Begegnung teilnehmen. Diese Symbolik trägt den Schüler auf eine andere, überirdische Ebene, vrndavana genannt, das ewige Vrndavana, das nicht mehr die dem Mathura nahe heilige Erde ist, sondern eine himmlische Sphäre, außerhalb der Ebene der Dualität.

Auch vrndavana liegt ebenso wie die höchste Erfahrung des Buddhismus und Shivaismus oberhalb des brahmarandhra, jenseits von bhutakoti, dem Gipfel der individualisierten Existenz. Es ist der Ort der Identität, durch den die Welt der

---

* Nicht zu verstehen in einem Sinn, den wir diesem Begriff geben, sondern im Sinn einer ungetrübten Fülle, die sich jedem Einfluß entzieht.

Dualität einverleibt und verwandelt wurde. Sobald das Ursprünglich-Androgyne wiederhergestellt ist, finden sich in ihm – in einem Zustande der Einheit und des Gleichgewichts – die beiden Aspekte Bewußtsein und Psyche, das Ich und das Nicht-Ich. Auf der Erfahrungsebene spiegelt sich die Trennung in den beiden gegensätzlichen Aspekten von Mann und Frau wider. Die Liebe muß die Reintegration vollziehen, die zugleich zu einer Läuterung wird. Bliebe die Begegnung dieser beiden Seiten des Seins auf den Bereich der Sinne beschränkt, wäre es, wie der Sturz von bodhi, der Auswurf des Samens, ein neuer und schlimmerer Verfall. Verlangt wird keine persönliche Befriedigung, sondern eine Erhebung der seelischen Zustände bis zur Ekstase des vollständigen geistigen Ineinander, in der es kein Ich und kein Du mehr gibt, sondern nur ein einziges Ich. Die Sinne sind der Tod, diese Übertragung und Sublimierung aber bewirkt die Palingenesie, den ungeschaffenen, ewigen Menschen.

»Es gibt drei Arten von Menschen: den ewigen Menschen (sahaja), den ungeschaffenen Menschen und den Körper des karmischen Menschen.«

Die Übertragung geschieht, indem der Mann als Genuß und die Frau als Seligkeit gelten. Die Beziehung zwischen den beiden ist nicht kama, sondern priti oder prema, die geistige Sublimierung durch die Liebe. Sie verwirklicht sich dadurch, daß das psychisch-physische Wesen des gewöhnlichen Individuums durch seine essentielle göttliche Natur (svarupa) ersetzt (aropa) wird.

»Wer svarupa erreicht, erhält seine menschliche Wirklichkeit. Kommt es nicht hierzu, ist er der Hölle preisgegeben« (Sivasamhita, 68).

Es ist der neue Mensch, der aus dem alten entsteht. Der Zugang zu der anderen Ebene jenseits der Dualität wird erst nach Zurücklegung eines gefährlichen Weges möglich, bei dem es leicht zum Sturz in den Abgrund kommen kann. Wer sich auf diesen Weg begibt, ohne ausreichend vorbereitet zu sein, erreicht nicht die Rettung, sondern stürzt in die Verderbnis.

Indien ist gleichsam überwältigt vom Sinnvollen: Die Sonne, die seine Erde verbrennt, entzündet das Feuer in seinem Blut, löst den vitalen Antrieb aus, der sich unaufhaltsam in der unerschöpflichen Dschungel-Fülle vervielfältigt, und es scheint, als beziehe er Kraft selbst aus der Auflösung aller

Dinge, als erheitere er sich selbst angesichts des Todes, der an jedem Orte lauert. Kali, der furchtbaren Göttin, die alles verschlingt und zerdrückt, gegenüber steht Durga, die Lebensspenderin. Beide wechseln sich im Weltenrhythmus ab wie die tanzenden Schritte von Shiva, die das Universum schaffen und zerstören.

Seit Morgendämmerung der religiösen Intuitionen, noch bevor sich die Verschmelzung seit altersher eingeborener Elemente mit den arischen Eindringlingen vollzog, die in vedischen Gesängen unbestimmte himmlische Gottheiten verherrlichten, Spenderinnen der Macht und des irdischen Wohlstandes erscheinen in Mojenjodaro, das im Indus-Tal liegt, Götzen und spiegeln die Yogaanfänge wider. Phallussymbole und Bilder weiblicher Fruchtbarkeit wechseln mit Gestalten ungeheuerlicher Gottheiten ab, die als sitzende Asketen dargestellt werden. Auf der einen Seite der Lebenswille, auf der anderen diese Figur, die den Verzicht andeutet.

Überwältigt vom schrecklichen Sinn der Unbeständigkeit alles Werdenden, vom Verlangen bewegt, das absolute und unveränderliche Wesen inmitten dieses Fließens der Formen zu finden, zeigte der Dichter der Upanishaden einen Weg, der die Denker Indiens sehr weit führen sollte. Er verneinte die Welt, verkündete wie Buddha, daß sie von Schmerz zerrissen sei und versuchte vor ihr in den unfaßbaren Nirwana-Frieden, zu Brahman zu flüchten. Dies geschah, indem er die leuchtende Reinheit der Seele der Verzauberung durch den psychisch-physischen Komplex entriß. Nach seiner Behauptung sind Welt und Psyche Illusionen, ein Spiegelbild und Kunstgriff Gottes. So suchte er Zuflucht im unbeweglichen, unverrückbaren, farblosen Licht seiner göttlichen Essenz. Seine Individualität löste sich in jenem kalten Schimmer auf oder versank in der Unendlichkeit Gottes wie ein Wassertropfen im Ozean. Damit die Welt ihn nicht ablenkte und in der Tiefe seiner Psyche keine Bilder entstanden, keine Leidenschaften beunruhigten, schloß er mit Hilfe von Yoga die Pforten der Sinne, erhob sich zur Ruhe der Kontemplation, konzentrierte den Intellekt auf jenen Erdpunkt, den er, wenn auch noch lebend, eingehaucht dachte in das All.

Doch solche Anregungen der indischen Meister enthüllten die Gefahr einer schmerzlichen Scheidung zwischen Intellekt und Psyche. Sie konnten auf diese Weise entweder kalte Geister schaffen oder Menschen, die ins Chaos primitiver Intuitionen versanken, die immer von neuem aus dem unerforschten Grund der Seele aufsteigen. Die Askese auf der einen Seite, der Aberglaube auf der anderen, bedingungsloser Verzicht oder formale Anpassung, die außerhalb der weitabliegenden Läuterung wirkt. Daraus ergibt sich unweigerlich eine Verzerrung des Charakters, die Schwierigkeit, das Gleichgewicht zu finden, auf dem das Leben beruht. Die Tantra-Erkenntnis sowohl buddhistischer als auch shivaistischer Prägung versuchte die Einheit wiederherzustellen, die das asketische Ideal zu zerbrechen drohte: »In der Tiefe des Leibes liegt eine schwarze Schlange; sie beißt dich Tag und Nacht, und der Mensch kann nur schwer das Drängen dieses kama überwinden«. Kama ist nicht Liebe; im allgemeinen ist es das ganze instinktive Leben, der unbewachte Ausgang aller Fortpflanzung und jeden Genusses.

Die indische Weisheit legte sich Rechenschaft ab von der Gefahr, diesen Teil unseres Ichs zu verleugnen und statt den Weg des Verzichts zu empfehlen, bemühte sie sich um Übertragung und Sublimierung dieser unüberwindlichen Neigung.

Die Frau wird nicht mehr gemieden, wie es die asketischen Disziplinen der orthodoxen Schulen verlangen. Sie wird selbst zum Werkzeug der Erlösung. Sie ist der andere Teil, von dem wir schmerzlich die Trennung empfinden. Und sie schafft selbst in uns die Ergänzung: Psyche und Intellekt, yin und yang, die sich gegenseitig suchen, um das eigene ursprüngliche Gleichgewicht wiederherzustellen. Es ist keine Frage der Sinne mehr. Wer der Verlockung der Sinne folgt, ist pasu, ein Herdentier, das unweigerlich auf den Weg der eigenen Vernichtung getrieben wird.

Hier handelt es sich um die Wiedergeburt der Person zur heiteren Harmonie, bei der die klare Intelligenz den ruhlosen Reichtum der Psyche betrachtet und beherrscht.

Die uralten Gespenster, Erinnerungen einer primitiven fernen Welt, die ungeheuerlichen und seltsamen Gestalten der barbarischen und rohen Intuitionen der Menschenanfänge leben in der Tiefe der Seele, und es wäre vergeblich, sie unterdrücken zu wollen. Sie würden immer wieder plötzlich am Rande des Unbewußten auftauchen. Diese Erkenntnis leugnet sie nicht, weist sie nicht zurück, doch sie leitet sie wie die Verlockungen der Sinne edleren Wegen zu oder verwandelt sie.

Die Bilder, die im Mandala dargestellt oder im mandalischen Körper angenommen werden, behalten oft ihr ursprüngliches schreckliches Aussehen, doch sind es nicht mehr die abscheulichen, blutrünstigen und Opfer erheischenden Gottheiten primitiver Kulturen. Sie sind zu Symbolen der Erfahrungen und Kräfte der individuellen und kollektiven Psyche geworden und wurden nicht außerhalb der Seele als erbarmungslose und schädliche Mächte projiziert. Sie werden als Erfahrungstatsachen anerkannt und gewertet. So kommen sie nicht mehr als drohende Gespenster auf, die die Persönlichkeit zersetzen; vielmehr gehorchen sie dem Befehl des Schülers in friedlicher Heiterkeit, die das Licht des wiedererrungenen Bewußtseins überstrahlt.

Wenn also ein indischer oder tibetanischer Maler ein Mandala zeichnet, folgt er nicht dem Ruf seiner Phantasie. Er folgt einer ganz bestimmten Tradition, die ihn lehrt, in besonderer Art das Drama seiner Seele darzustellen. Er malt keine nüchternen Bilder eines ikonographischen Tests. Er projiziert in den Entwurf die Gespenster seines tieferen Ichs. So erkennt er sie und befreit sich von ihnen. Er verleiht einer Welt Form, die ihn mit Unruhe erfüllt und sieht sie jetzt vor den eigenen Augen entfaltet. Sie beherrscht nicht mehr unsichtbar und unkontrolliert seine Seele. Er hat vor sich ein Diagramm, das ihm die Geheimnisse der Dinge und seiner selbst erschließt. Das Ineinander von Bildern und ihre symmetrische Disposition, der Wechsel drohender und friedlicher Gestalten ist das offene Buch der Welt und ihres Geistes. Wo vorher Nacht herrschte, ist jetzt das Licht.

ANHANG

BESCHREIBUNG DER BILDTAFELN

Tafel I:

Mandala des rDorje c'an (lies: Dorgecian), des Besitzers des Diamanten, d. h. des reinen und unerschütterlichen Bewußtseins, das
wie ein Diamant leuchtet, Synthese aller Buddhas, weil alle Buddhas
grundsätzlich diese Lichtheit verkörpern, dieses absolute Bewußtsein (para-samvit), »den kraft seinem Wesen leuchtenden Gedanken« (prabhasvara-citta).

Das innere Quadrat schließt den wesentlichsten und geheimnis-
vollsten Teil des Mandala ein. In dieser Figur entfalten sich, wie die
Blätter eines mystischen Lotus, die fünf Familien. Es ist der anfängliche Augenblick der kosmischen Zweiheit. In einigen Mandalas befinden sich an seiner Stelle zwei Dreiecke, genannt »Quellen
des Gesetzes« (c'os abyun, dharmodaya). Als Gesetz wird das
Absolute und zugleich seine Offenbarung verstanden, das Wort,
das sich mit Buddha und in der Person des Schülers identifiziert,
der sich durch die liturgische Handlung und das Abrücken von den
Ebenen in die ideale Mitte versetzt hat, zu der alles zurückkehrt
und um die herum sich alles vollzieht.

Die »Quelle des Gesetzes« ist durch zwei sich überschneidende
Dreiecke dargestellt. Sie zeigen den Weg der Expansion des Einen
in die Vielfalt (Spitze nach unten) und der Rückkehr oder Reintegration (Spitze nach oben) an. In der Symbolik der Shiva- oder
Shakta-Schulen bedeuten die beiden Dreiecke die Macht (sakti)
und Shiva. In der Mitte des Lotus, den sie sich überschneidend
umschließen, liegt der doppelte Diamant (vajra, adamas). Er zeigt
die unveränderliche Ebene an, das unbewegliche Absolute, das
höchste Bewußtsein. Dieses Mandala ist in zwei Mandala-Orte geteilt, in einen inneren und einen äußeren. Zwischen ihnen liegt ein
Raum, in dem sich die anbetenden Gottheiten befinden, Symbole
des gefangenen Lichts der Psyche, das das ursprüngliche Bewußtsein erweckt.

Die fünf Streifen, die das innere Quadrat begrenzen, bestimmen
das templum, die heilige Stadt, die Projektion der anderen Ebene,
die das mysterium magnum umschließt.

Die vier Pforten oder Punkte des Zugangs zur genannten Ebene,
geschmückt nach dem Vorbilde kaiserlicher Paläste, öffnen sich
nach vier Seiten.

Im Raum zwischen dem erwähnten Quadrat und dem inneren
Kreis sind verschiedene Ornamente sichtbar: Schirme, Vasen, Ban-
ner, Symbole der in den liturgischen Zeremonien verwendeten
Werkzeuge, Gaben, die der Verehrung der heiligen Stätten dienen.
Es ist das Zeichen der göttlichen Oberfläche, der Bereich des sacer,
der Sitz des Königs.

Der erste innere Kreis besteht aus einem Kranz von nach außen gewandten Lotusblättern, um dem Schüler die Zugänglichkeit des Geheimnisses anzuzeigen. Dann folgt der Diamanten-Gürtel, die Grenze zwischen der Welt des Werdens, dem Abstieg, und dem ersten Augenblick der Rückkehr oder der Reintegration. Der äußerste Ring ist der Kreis des Feuers, die Erkenntnis, die die Unwissenheit überwältigt.

Tafel II:

Mandala von Samvara im Mandala-Tempel von Toling (westl. Tibet). Der dreistöckige Mandala-Tempel diente Einweihungs- und Taufriten. Der Schüler wurde vom Meister vor das Mandala verschiedener esoterischer Zyklen geführt, in die er eingeweiht werden sollte.

In der Mitte erscheint der Gott mit seiner Gefährtin. An den vier Seiten befinden sich vier Gottheiten. Sie stellen zusammen die Fünffalt, die erste Scheidung dar. In den Räumen zwischen den Figuren befinden sich vier Schalen aus Schädeln geformt, mit Blut gefüllt: Symbol äußerster Seligkeit, die bei der Rückkehr erreicht wird, wenn das Wirken schöpferischer Kräfte die Auflösung der Welt der Natur und der Psyche bewirkt und das Bewußtsein seine ursprüngliche Einheit wiedererlangt.

In den folgenden vier konzentrischen Kreisen befinden sich Gottheiten, die $8 + 8 + 8 = 24$ Helden darstellen, Ausstrahlungen des Gottes, die seiner unendlichen Expansion vorstehen. Das bedeutet die geheimnisvolle Anwesenheit des Bewußtseins auf allen Stufen des Seins. In den vier Ecken und an den vier Pforten erscheinen die acht Beschützer der Kardinalpunkte. Sie versinnbildlichen die Verteidigung des Bewußtseins gegen jede mögliche Auflösung. Auf dem Gürtel sind die 16 Wissenschaften sichtbar. Es ist das Zeichen der vielfältigen ewigen Anbetung, die Seligkeit als Preis der wiedererlangten Freiheit.

Tafel III:

Dieses Mandala enthält in graphischer Synthese die schwierigen, aus geheimem Wissen stammenden Anschauungen der Shakta-Schule. Es liegt ihm ein Schema zugrunde, das von der mystischen Literatur z. B. von Saundarya-lahari, einer berühmten Dichtung der indischen Esoterik, das die Tradition einem der größten Denker Indiens zuschreibt, in folgender vorsätzlich rätselhaften Weise beschrieben wird:

»Vierundvierzig sind die Ecken, die es bilden«, d. h. die »neun grundlegenden Naturen«, und zwar die vier Srikantha und die fünf Ehrenjungfrauen von Shiva, alle von Sambu getrennt, zusammen mit dem achtblättrigen und dem sechzehnblättrigen Lotus sowie den drei Kreisen und den drei Linien. Die »neun grundlegenden Naturen« entsprechen den Dreiecken, deren Basis parallel mit dem Mandala-Diamanten läuft. Sie stellen das Paradigma der Ableitung der Dualität aus der Einheit, den Prozeß und die Art der Unterschiedlichkeit dar. Sie werden als neun Prägeformen bezeichnet und entsprechen den »neun Elementen«, aus denen sich der Mikrokosmos zusammensetzt, und zwar die »fünf Ehrenjungfrauen« von Shiva: Haut, Blut, Fleisch, Fett, Knochen, bedingt durch die Macht. Dann die »vier Srikantha« (Srikantha ist ein Epithoton von Shiva): Mark, Same, Lebensenergie und Psyche im Makrokosmos, abgeleitet von Shiva. Auf gleiche Art die fünf stofflichen Elemente: Erde–Festigkeit, Wasser–Flüssigkeit, Feuer–Wärme, Luft–Bewegung, Äther–Raum. Danach die fünf feinen Elemente: Geruchsinn–Erde im dünnen Zustande, Geschmack–Wasser im dünnen Zustande, Form–Feuer im dünnen Zustande, Tastsinn–Luft in dünnem Zustande, Laut–Äther. Die fünf Sinnesorgane: Gehör, Tastsinn, Sehvermögen, Geschmack, Geruch. Fünf Organe des Handelns: Wort, Hände und Füße; Organe der Entleerung, Fortpflanzungsorgane, Intellekt, der die Sinneswahrnehmungen registriert oder darauf reagiert. Hinzu kommt: Maya, die unbegrenzte schöpferische Energie, die Maya-Freiheit, die – indem sie in Shiva agiert – das Seiende als von ihm verschieden denken läßt und die reine Intuition, durch die sich Shiva mit dem Seienden identifiziert, indem er denkt: Ich bin dies. Dann mahesvara, das universale Sein, und zuletzt sadasiva, das in sich gekehrte Sein, das heißt die vier aufeinander folgenden Manifestationen des um seine ursprüngliche Lichtheit beraubten Shiva. Sie werden in aufsteigender Linie von unten aufgeführt, angefangen von den trübsten Aspekten, um zu der anfänglichen Form von Shiva zu gelangen. In solcher Weise kommt in diesen neun Dreiecken das Spiel der göttlichen Entfaltung zum Ausdruck, der Prozeß vom Einen zum Vielen, die Verdunkelung im Nicht-Ich. Sambu in der Mitte ist der Punkt der Potenzialität, Ursprung von allem. Die drei Linien zeigen zwei Blätterreihen der Lotusblume an mit acht Blättern im äußeren und mit sechzehn Blättern im inneren Kreis.

Über die Bedeutung der Lotusblume war bereits die Rede. Setzen wir an die Lotusblätter und an die Ecken Buchstaben des Alphabets, die den verschiedenen, mit dem Namen einer Göttin bezeichneten Mächten entsprechen, so erhalten wir einen sichtbaren, wenn auch nur symbolischen Ausdruck des ununterbrochenen Prozesses der Bewußtseins-Entäußerung bis zum Zustandekommen des psychisch-physischen Gefüges und umgekehrt. Daher wird dieses Mandala als Zeichen des äußeren Opfers betrachtet, insofern als es sichtbarer Vergleiche, Zeichnungen und Buchstaben bedarf. Doch wird diese Mandala-Schau durch das innere Opfer überlagert, indem es in den Körper des Eingeweihten übertragen wird, wodurch er sich mit Shiva identifiziert, mit dem höchsten Bewußtsein, das in ihm geheimnisvoll gegenwärtig ist.

Du vereinigst dich danach im »Tausendblättrigen Lotus« mit deinem Gemahl, nachdem du den ganzen Weg der Mächte-Familie geläutert hast, die Erde in ihrem Urgrund (Muladhara), das Wasser in der Stadt der Kleinode (Manipura), das Feuer im eignen Schoß (Svadishthana), die Luft des Herzens (Anahata), den Äther oben (im Rad der Reinheit Visuddhi) und den Intellekt im Befehlsrad (Ajna, zwischen den beiden Augen).

Nachdem du der kosmischen Entfaltung die von deinen Füßen ausgehenden Ambrosia-Strömungen eingefügt hast und von der glänzenden Mondtätigkeit (dem objektivierten Bewußtsein) hinuntersteigst, legst du dir Rechenschaft von deiner Lage ab und schläfst, indem du die Gestalt einer dreieinhalbfach zusammengerollten Schlange annimmst, in der ausgehöhlten Öffnung der Macht (Kulakunda)«.

Diese beiden Verse bringen zum Ausdruck, was die Mystiker Indiens, die Leiter der Geheimnisse, die *Kundalini*, nennen, das in uns verborgene reine Bewußtsein, das in Bezug auf den Makrokosmos Tripurasundari, »die Schöne unter den drei Städten« genannt und im Mikrokosmos als Kundalini bezeichnet wird. Der Yoga-Schüler führt durch Atemkontrolle und mystische Teilnahme ihre Erweckung herbei und ermöglicht den allmählichen Aufstieg durch die Räder oder psychische Zentren.

Diese psychischen Zentren werden von seiner Lichtheit durchdrungen und lösen sich auf. Mit ihnen werden – auf der parallelen Makrokosmos-Ebene – die fünf Elemente beseitigt, aus denen alles besteht. In unserer Person tritt an Stelle der materiellen Gleichwertigkeit die psychische Symbolik. Es vollzieht sich ein allmählicher Aufstieg vom Verworrenen und Umschatteten zum Reinen und

Tafel I – Mandala von rDorje c'an

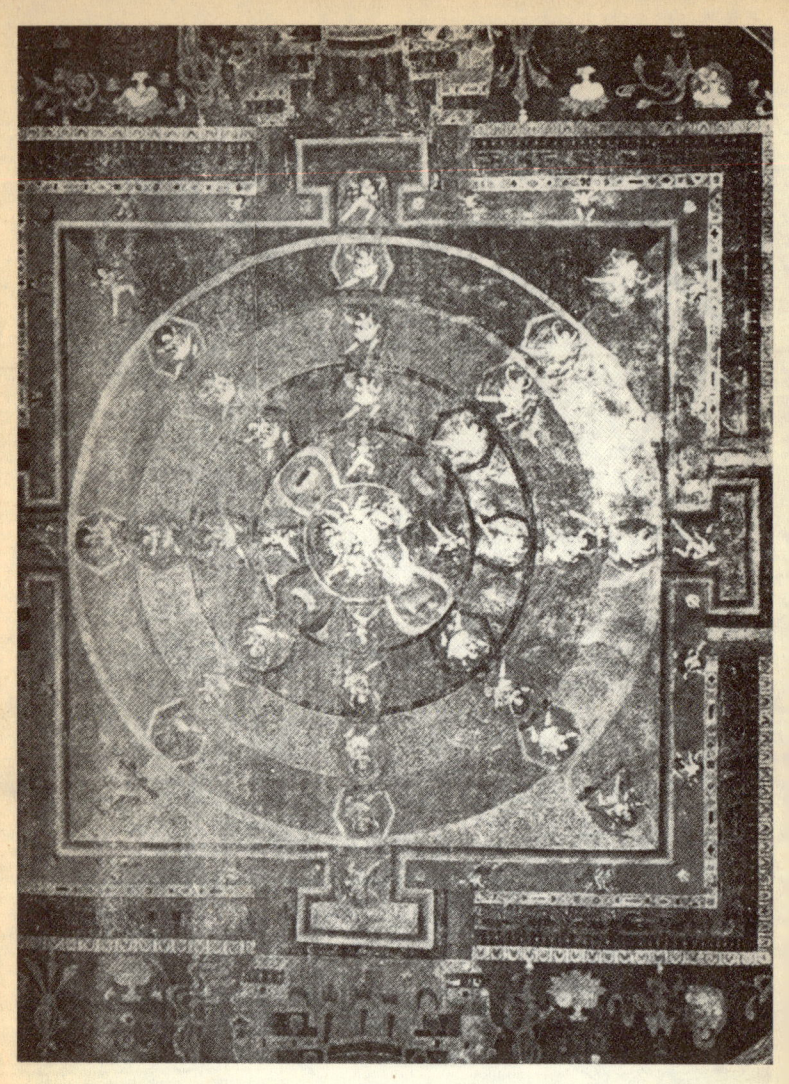

Tafel II – Mandala von Samvara

Tafel III – Mandala von Srîcakra

Tafel IV – Chinesischer Spiegel

Klaren bis sich die Kundalini mit der Seligkeit in der ursprünglichen Kommunion mit Shiva vereinigt.

Dies geschieht, indem Kundalini die fünf Räder, den »Bündel der Mächte« überwindet, und zum sricakra aufsteigt, zur »Tausendblättrigen Lotusblüte«, in der diese göttliche Macht dank Shiva schöpferisch wird und sich im All vervielfältigt. In diesem Augenblick löst sich die Psyche des Meditierenden auf, und er ruht in der Seligkeit des Nirwana, das zu Lebenszeiten so lange währt, wie er die mit Shiva vereinte Kundalini bewahrt.

Da dieser Zustand der Reintegration nicht ewig dauern kann, beginnt sogleich nach seinem Stillstand der absteigende Prozeß, der Verfall in Raum und Zeit, die Zersplitterung im psychisch-physischen Gefüge, die Verwandlung in Stofflichkeit. Kundalini durchdringt von selbst die Räder, die sich von neuem bilden. Deshalb sagt der zitierte Vers, daß sie der kosmischen Entfaltung, dem »Bündel der Mächte«, das den an den Makrokosmos angepaßten Körper darstellt, Ambrosia einflößt. Die vielen Millionen Kanäle, die ihn durchqueren und sein Leben nähren, entsprechen in der makrokosmischen Entsprechung der Entfaltung des Universums, des Alls. Ist der Abstieg beendet und der schöpferische Prozeß damit vollzogen, kehrt Kundalini zum Ausgangsrad zurück, hält dort an, rollt sich zusammen und schläft ein, indem sie an der Fruchtwand der vierblättrigen Lotusblüte in der Mitte des gleichen Rades liegenbleibt. Auf diese Weise treten Makrokosmos und Mikrokosmos wieder in Erscheinung.

Durch wiederholte Übung, die vom Yoga in ihren verschiedenen Phasen beschrieben und geleitet wird, kann sich der Meditierende mit der Macht vereinigen, die alles bewegt, aus der alles entsteht und zu der alles zurückkehrt.

»Wenn einer dich loben will, oh, Bhavani, weil du deinen mitleidsvollen Blick auf mich, deinen Sklaven richtest, dann kann ich (durch Deutung der Sanskrit-Worte in anderer Weise) du sein«. In diesem Augenblick räumst du mir die Identität mit dir selber ein, und es ergibt sich ein Zustand, der im Widerschein der Diademe der Götter erglänzt, die sich vor ihm verneigen«. So wird die absolute Identität erreicht, die Macht, das höchste Bewußtsein, das alle erdenklichen göttlichen Manifestationen übertrifft. Da alles wahr und wirklich ist, was durch die menschliche Psyche Leben erhält, werden auch die Ideen, an die der Mensch glaubt, nicht illusorisch sein, sondern wirksam und fruchtbar auf der Erde werden, und Ursache sein des geschaffenen Guten und des erlittenen Bösen. Dennoch sind es keine endgültigen Formen, weil die höchste Macht sie alle überwindet. Da sie von dieser Ursprung und Gestalt empfangen, beseitigt und überwindet alles die Gewißheit dieser höchsten Realität.

Durch dieses geheimnisvolle Opfer der Kundalini wird der Schüler der Auflösung des Lebens entrissen. Sie hilft ihm aus dem Abgrund heraufzusteigen, in den ihn Maya gestürzt hat, damit er das Licht der Macht wiederfindet, sein geheimnisvolles Ich, wie die Seher der Upanishaden sagen: Tat tvam adi, du bist jener. Das geschieht indem Kundalini, dank dem bewußten Willen des Eingeweihten, das ewige Spiel der Kräfte wiederholt, durch das die freie Notwendigkeit Gottes die vielschillernde Unendlichkeit der Dinge und Geschöpfe, Raum und Zeit, Ideen und Gespenster schafft. Oder, wie die Shiva-Meister eindeutiger erklären: »Welchen Mittels bedarf es, angesichts dieses höchsten Gottes, der reine Erleuchtung ist, atma, um zu ihm zu gelangen? Es gilt nicht, sein eignes Wesen zu erreichen, weil er stets in jedem gegenwärtig ist. Es bedarf nicht des Wissens, weil er selbst erleuchtend wirkt. Es gilt, keine Hindernisse auszuräumen, weil keine Hindernisse da sind. Auch ist es nicht möglich, sich ihm einzuverleiben, weil sich ihm nichts einverleiben läßt, was von ihm verschieden ist. Welches Mittel kann es geben, nachdem logischerweise auszuschließen ist, daß dieses Mittel getrennt von ihm existiert? Daher stellt das Universum eine einzige Wirklichkeit dar, die nur Bewußtsein ist, unteilbar durch die Zeit, unbegrenzt durch den Raum, frei vom Zwang der Beschränkungen, in keine Form eingeschlossen, von keinem Wissen bezeugt. Es verleiht sich selbst seine Attribute durch den eignen Willen. Wirklichkeit ist autonomes Mitbewußtsein, und diese Wirklichkeit bin ich. In ihr, in mir selber, spiegelt sich alles wider. Wer so zu unterscheiden weiß, erlebt ein ewiges Eintauchen in das göttliche Bewußtsein, das sich unmittelbar einstellt. Dieser Mensch bedarf keiner rituellen Formeln, keiner Opfer, keiner Meditationen, keiner Liturgien und anderer ähnlichen Vorschriften« (Abhinavagupta, Tantrasara).

Tafel IV:

Einige chinesische Spiegel, die durch die sie schmückenden Zeichen in Form der großen Buchstaben TLV als TLV-Spiegel bekannt sind, galten als Sonnenuhren. In Wirklichkeit handelt es sich um Mandala-Schemata des Universums: runder Himmel, Polarstern, axis mundi in der Mitte, Erde als Quadrat. Dazu vier Pforten des Chungkuo und Chinas sowie der Königspalast, der axis mundi angepaßt. Die graphische Darstellung dieses Universum-Schemas dient einem magischen Zweck: der Rückkehr, der Vereinigung mit dem Mittelpunkt, von der, wenn sie vollzogen ist, die Allmacht desjenigen abhängt, der sie erreicht. Die Identifizierung mit der Mitte ist Einheit mit Tao, dem Ursprung und dem höchsten Beweger aller Dinge (Karlgren, »Early Chinese Mirror Inscriptions« in »Bulletin of the Museum of the Far Eastern Antiquities«, Stockholm 1934, S. 31). Dort steht an anderer Stelle (S. 43): »Mögen – so lautet die Inschrift auf einem dieser Spiegel – »eure acht Söhne und neun Enkel die Mitte überwachen«, d. h. sich mit jenem höchsten Beweger vereinigen, der Quelle ist der Unsterblichkeit und heilwirkenden Kraft. Die neun Söhne entsprechen der vollkommenen Zahl; vier weibliche der geraden Zahl, yin, dem weiblichen Prinzip, dem Mond; fünf männliche der ungraden Zahl, yang, dem männlichen Prinzip, der Sonne.

In der gleichen Veröffentlichung heißt es an anderer Stelle (S. 29): »Ihr besteigt den Berg T'ai shan, ihr seht göttliche Menschen. Sie nähren sich von der Jadaessenz. Sie trinken aus reinster Quelle. Sie haben die Wege des Himmels erreicht. Alle Dinge sind in ihrem natürlichen Zustand. Sie spannen den Drachen ohne Hörner an ihren Karren. Sie schweben im Himmel auf eilenden Wolken. Ihr könnt Würden und Ämter haben. Ihr könnt eure Söhne und Enkel beschützen.«

In diesem Buch wurden alle im Deutschen gebräuchlichen Worte in deutscher Schreibweise, alle übrigen in Sanskrit wiedergegeben.

INHALT

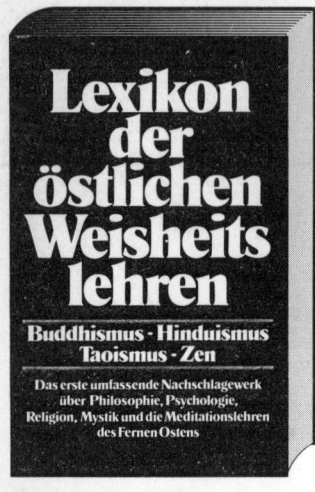
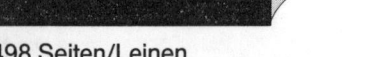